탈북인의 사회관계망과 사회적 자본

| 진미정 · 이순형 · 김창대 공저 |

학지사

이 저서는 2004년, 2007년 서울대학교 통일평화연구소의 연구 지원 및 2006년 정부(교육인적자원부)의 재원으로 한국학술진흥재단의 저술 지원을 받아 수행된 연구임(KFR-2006-812-B00027).

머리말

2008년 하반기에 이어 2009년 남북관계는 남북경협 축소, 김정일의 건강 이상, 6자회담 결렬 등 무거운 소식으로 가득하다. 이런 굵직한 정치 · 경제 관련 소식들에 가려져서 탈북인들에 대한 소식은 잘 들리지 않는 것 같다. 사실 최근 탈북인들에 대한 관심은 소수의 관련 기관 실무자, 일부 연구자들을 제외하면 별로 사회적으로 공유되지 않고 있다. 최근 입국자 수가 증가하여 2008년 하반기 현재 1만 3,000여 명이 넘는 탈북인이 남한에 거주하고 있다. 이 숫자는 우리 사회에 들어오는 또 다른 이주민들인 이주노동자나 결혼이주여성에 비하면 높지 않기 때문에 이주노동자와 결혼이주여성이 우리 사회의 다문화 논의를 뜨겁게 달구는 것과 달리 탈북인은 다문화사회의 중요한 요소임에도 비중 있게 다루어지지 않는 것으로 보인다.

이 책은 최근 두드러지게 나타나고 있는 탈북의 맥락과 인구 구성의 변화에 대한 관심에서 비롯된 연구의 결과물이다. 우리 필자들은 2004년부터 남한에 온 탈북인의 심리적 · 사회문화적 적응을 연구하기 시작했다. 서울대학교 통일연구소*의 지원으로 2004년에는

* 서울대학교 통일연구소는 2008년 8월 22일에 통일평화연구소로 명칭을 변경했다.

탈북가족의 적응과 심리적 통합에 대하여 연구했고, 2007년부터는 탈북 후 가족 해체 및 재구성 현상에 대해 연구를 진행했다.

특히 탈북인들의 심리·정서적 변화, 사회적 적응 문제와 통합, 가족 문제와 레질리언스, 가족의 해체와 재구성 등에 관심을 가지고 연구를 하면서 탈북인 문제의 중대성을 강조해 왔다. 탈북인 문제는 인권 측면, 외교관계 측면, 다문화 측면 등 다양한 측면에서 다루어질 수 있으며, 각각의 측면에서 중요한 의미를 갖는다. 필자들이 볼 때 탈북인 또는 탈북 현상 그 자체는 북한사회의 내부적인 삶의 질서가 어떻게 변화되고 있으며 침식되고 있는지를 보여 주는 중요한 신호다. 정치적·경제적 측면의 거시적 변화가 북한 주민들의 일상적인 생활 영역에서 그들의 관계와 행동에 어떠한 영향을 미치는지 보여 주는 지표인 것이다. 탈북인의 행로를 쫓다 보면 거시적 삶의 맥락 속에서 개인의 선택이 어떻게 제한받는지, 그럼에도 개인이 그 맥락을 활용하여 어떻게 삶을 선택해 가는지를 알 수 있다. 그런 측면에서 탈북인들의 삶은 중요한 역사적·학문적 자료다.

이 책에서 필자들이 특히 관심을 가지고 주목했던 것은 탈북인들의 사회관계망과 사회적 자본이다. 지난 수십 년 동안 사회관계망과 사회적 자본은 여러 학문 분야에서 매우 중요하게 다루어진 개념이다. 사회적 자본이란 사회적 관계에서 발생하리라고 기대되거나 실제로 발생하는 이익이다. 인간의 삶은 사회적 관계를 떠나서는 존재할 수 없으며, 그 안에서 상호 영향을 주고받는다. 이렇게 일상적이고 자연스럽게 나타나는 상호작용이나 관계에 필자들이 새삼 주목하게 된 것은 이러한 관계가 가지는 잠재적인 힘과 영향력의 중요성을 재발견하고, 나아가 거시적 연구와 미시적 연구를 연결하는 지점으로서의 가치를 재평가하게 되었기 때문이다. 이러한 배경에서 개념과 이론의 세련화를 통해 일상 관계의 역동성과 가치를 다시 조명하게 되었다.

탈북인들의 삶의 행로를 살펴볼 때, 이들이야말로 다양한 사회적 관계망을 통해 사회적 자본을 적극적이고 역동적인 방식으로 동원해 낸 사람들이라는 점을 알게 된다. 때로는 느슨한 관계망을 통해, 때로는 밀도 높은 관계망을 통해 삶의 단계를 시간적 · 공간적으로 뛰어넘고, 관계를 동원하여 자본화하는 능력을 축적해 간다. 이 과정을 따라가 봄으로써 관계가 탈북인과 그들이 살았던 북한사회와 현재 그들이 살고 있는 우리 사회에 어떤 영향을 미치는지를 살펴보고자 했다. 이러한 연구가 많은 사람들이 탈북인들의 삶을 보다 잘 이해하도록 돕는 것은 물론 학문적으로도 의미 있는 시도가 될 것이라고 생각한다.

탈북인들은 어떻게 사회적 관계망을 형성하고 사회적 자본을 축적하고 있을까? 탈북 과정, 중국생활, 남한에서의 정착 과정에서 탈북인의 사회적 자본은 어떤 힘을 발휘하는 것일까? 그리고 그것은 궁극적으로 탈북인의 적응에 긍정적인 효과가 있을 것인가? 이러한 것들이 바로 이 책에서 주로 다루고자 하는 문제들이다. 탈북인들이 사회적 자본을 형성하고 축적하는 과정은 궁극적으로 적응에 영향을 미칠 것이기 때문에 학문적으로 흥미 있는 주제다. 이 연구 주제를 다루기 위해 우리는 2000년 이후에 입국한 탈북인들과 공공기관이나 민간단체에서 오랫동안 탈북인에 관련된 업무를 해 온 실무자들을 만나 이야기를 들었다. 이들의 이야기는 연구의 질적 자료가 되었고, 이 자료를 분석하여 사회관계망과 사회적 자본의 특징을 찾아내고자 했다.

먼저 제1장에서는 사회적 자본의 개념과 기능을 간단하게 설명하고, 탈북인의 사회적 자본 형성에 영향을 미치는 정착 지원 프로그램과 탈북인의 사회적 지지나 사회적 자본에 관해 이루어진 선행 연구들을 살펴볼 것이다. 제2장에서는 조사 배경, 조사에 참여한 응답자들에 대한 소개, 연구 방법을 설명함으로써 연구에 대해 소개한다. 제3장에서는 사회관계망과 사회적 자본에 대한 본격적인 분석에 앞서 먼저 이들이 북한을 떠나 남한에 입국하기까지의 과정을 살펴본다. 이러한 과정을 기술함으로써 이들의 사회관계망과 사회적 자본 형성 과정의 맥락을 이해할 수 있게 되기 때문이다. 제4장에서는 북한에서의 사회적 자본에 관한 내용을 파악함으로써 탈북인들의 사회관계망에 대한 탐구를 시작으로 탈북 과정에서의 사회관계망과 사회적 자본의 형성 조건을 살펴보았다. 제5장에서는 결론을 대신해 탈북인들의 사회관계 조직과 사회적 자본의 특성을 살피고, 그 의미와 시사점에 대해 논의하는 것으로 책을 마무리할 것이다.

새로운 주제에 관한 책을 쓰면서 항상 처음의 의도와는 달리 학문적으로 부족한 결과물을 내놓는 것이 아닌가 걱정이 앞선다. 또 탈북인에 대한 전문적 이해가 없는 사람들도 접할 수 있도록 내용을 쉽게 풀려고 한 시도가 학술연구자들에게는 비전문적인 내용으로, 일반인에게는 익숙하지 않은 내용으로 비춰지지 않을까 염려가 되기도 한다.

그럼에도 이 책은 탈북인의 사회관계망을 밝혀 그들의 사회적 자본을 드러냈다는 점에서 의미를 찾을 수 있다고 본다. 탈북인에 대한 사회적 관심은 그들이 사회로부터 소외되지 않고 어울려 살아가는 데 필요한 조건이며, 탈북인에 대한 학문적 관심은 통일 후의 사회통합을 준비하는 데 중요한 기반이 된다. 이 책이 탈북인에 대한 사회적 · 학문적 관심을 불러일으키는 동기가 되기를 기대한다.

마지막으로 연구를 지원해 준 서울대학교 통일평화연구소와 저술을 지원해 준 학술진흥재단, 출판을 허락해 준 학지사에 감사드린다. 그리고 연구 과정 내내 인터뷰와 녹음, 전사, 분석을 도와준 서울대학교 아동가족학과 대학원생들에게 애정과 감사의 마음을 전한다.

2009년 5월

저자 일동

차 례

제1장

탈북인과 사회적 자본

제1장 | 탈북인과 사회적 자본

1. 탈북인에 대한 관심

탈북인[1] 1만 명 시대가 되었다. 남한에 입국하여 거주하고 있는 탈북인의 수는 공식적으로 2007년 2월에 1만 명을 넘었다. 북한 주민이 탈북 후 제3국을 거쳐 남한에 입국하는 것은 이제 더 이상 뉴스거리가 되지 않는다. 탈북인에 관련된 최근 뉴스들은 탈북 그 자체가 아니라 탈북인 관련 사회문제에 관한 것들이다. 2007년 한 해 동

1) 탈북인들 중에서 국내에 입국한 탈북인을 새터민이라고 부르기도 한다. 새터민이라는 명칭은 2005년 초 통일부에서 탈북인에 대한 부정적인 이미지를 개선하기 위해 탈북인이라는 명칭을 대체할 명칭을 찾으면서 나온 것이다. 새터민은 '이향민' '이주민' '자유민' 등의 명칭 중에서 여론 조사를 통해 가장 호응도가 높게 나온 명칭으로서 '새로운 터전에서 삶의 희망을 갖고 사는 사람'이라는 뜻이다. 그러나 탈북인들은 새터민이라는 명칭이 "김정일 정권을 반대하는 탈북인들의 정치적 색채를 반영하지 못하고 단순히 먹고 살기 위해 사는 사람들로 비쳐지기만 한다"는 이유에서 이 명칭을 선호하지 않는다. 탈북인 단체 연합체인 '북한민주화위원회'는 통일부에 정식 공문을 보내 새터민이라는 명칭 사용 자제를 요청한 바 있다(〈조선일보〉, 2007. 4. 17).

안 탈북인과 관련된 기사들을 살펴보면 탈북인의 위장결혼, 북한에 있는 배우자와의 이혼소송, 탈북여성의 자살 사건 등에 관한 것이었다.[2] 이제는 탈북인의 입국보다는 그들이 남한사회에서 어떻게 적응해 가고 있는지, 그 과정에서 어떤 사회문제들이 표출되고 있는지에 관심의 초점이 옮겨간 것이다.

탈북인 입국이 더 이상 기사화되지 않는 동안 남한에 입국하는 탈북인의 인구 구성과 특성은 눈에 띄게 변했다. 먼저 탈북인 중 여성의 비율이 높아졌고, 남한에 연고자가 있는 탈북인의 수가 증가했다. 이러한 변화는 탈북을 둘러싼 환경의 변화, 북한은 물론 제3국과 남한의 상황 변화를 반영하는 것이다. 이제 탈북은 단순히 북한 내부의 식량 위기를 해결하기 위하여 이루어지는 개인적 차원의 선택이 아니다. 중국의 혼인 시장 상황, 남한의 탈북인 정착 지원 정책, 중국과 남한에 먼저 도착하여 살고 있는 북한 출신 주민들의 정착 상황이 현재 북한에 살고 있는 주민들의 탈북 의사 결정에 영향을 미친다. 따라서 최근 입국하는 탈북인들의 탈북 과정을 보다 잘 이해하고 이들의 적응을 돕기 위해서는 탈북 인구 구성의 변화와 맥락의 변화에 주목해야 한다.

이 책은 최근 두드러지게 나타나고 있는 탈북의 맥락과 인구 구성의 변화에 대한 관심에서 시작되었다. 탈북인들의 탈북과 정착 전략들은 다양한 양상으로 나타났다. 예를 들어, 북한을 탈출하여 중국에서 신변의 위험을 느끼며 고생을 겪고 남한에 들어와 정착한 탈북

2) 탈북인의 위장결혼(〈데일리NK〉, 2007. 7. 23. 탈북자 부인 · 딸까지 위장결혼 주선); 이혼소송(〈중앙선데이〉, 2007. 6. 17. 탈북자 이혼소송 이번 주부터 '줄선고'); 자살 사건(〈조선일보〉, 2007. 9. 13. 中에 둔 자녀 그리웠던 탈북여성의 죽음)

인들은 브로커를 통해 북한에 있는 가족들을 남한으로 데려온다. 가족들은 먼저 온 식구에 비해 상대적으로 쉬운 경로와 방법으로 남한에 오게 된다. 이들은 가족이지만 가구를 따로 구성하여 각각 개별적으로 정착금과 정부 지원을 받으면서 생활한다. 이들은 형식적으로 가구가 분리되어 있지만 상호의존적인 가족관계를 유지하면서 생활한다.

이러한 삶의 전략은 탈북인들 간의 사회적 자본(social capital)과 관련된다. 사회적 자본이란 개인과 개인 사이의 관계성에 기초한 자원이다. 사회적 자본에 대한 연구를 선도한 Bourdieu는 사회적 자본을 "제도화되었든 제도화되지 않았든 상호 면식이 있어 알고 지내는 사이에 지속적으로 존재하는 관계의 연결망을 통해 얻을 수 있는 실제적이고 잠재적인 자원의 총합"(Bourdieu, 1986: 248; 유석춘 · 장미혜 · 정병은 · 배영, 2003 재인용)이라고 정의했다. 즉, 사회 구성원들이 사회관계를 통해 사회적 자본을 형성하고 개인이나 집단의 목적을 실현하기 위하여 사회적 자본을 활용한다는 것이다.

탈북인들은 가족 혹은 이웃이라는 관계를 통해 북한을 탈출하고, 중국에서 생존하며, 새로운 사회에 보다 쉽게 들어오고 또 정착에 필요한 정보를 획득한다. 이러한 과정에서 탈북인들이 스스로 잠재된 브로커의 역할이 가능함을 깨닫고 실제 브로커로 활동하기도 한다. 브로커로 활동한다는 의미는 그들이 동원할 수 있는 사회관계망을 최대로 활용한다는 것이고, 이를 통해 경제적 자산을 창출한다는 것이다. 또한 탈북인들은 남한사회에 들어온 이후에는 관계의 연결망을 유지 · 확대하면서 정착에 필요한 도움을 서로 주고받으며 자원을 축적해 간다. 이러한 사회적 자본의 형성 과정과 특성을 살펴보는 것은 탈북인 정착 과정에 대한 이해의 폭을 넓히는 데 도움이 될 것이다.

그동안 탈북인에 대한 연구들은 주로 탈북인의 실태 파악이나 정착 및 적응에 관한 것이었다. 탈북인들의 정착 실태를 파악하는 연구(강권찬, 2005; 김성윤, 2006; 김인성, 2005; 윤인진, 1999)나 조속한 정착과 적응을 위해 어떤 지원이 이루어져야 하는지 살펴보는 연구(김영수, 2004; 전우택, 1999; 최락인, 2006)가 가장 많이 이루어졌다. 또한 선행 연구들은 긍정적인 전망을 보이지 않는 탈북인 적응 문제의 원인을 파악하기 위해 정신건강 문제, 사회적 장애물 등을 살펴보았다(김연희, 2006; 박미석 · 이종남, 1999; 엄태완 · 이기영, 2004; 이재창 · 김영만, 2005; 전우택, 2000a; 한인영, 2001). 나아가 영역별로 문제점과 해결 방안을 강구하기 위해 문화 적응의 관점에서 경제적, 심리적, 사회문화적 적응을 연구했다(김미령, 2005; 김영윤 · 박종철 · 이우영, 1996; 장혜경 · 김영란, 2000; 조영아 · 전우택, 2005; 채정민 · 한성열, 2003).

필자들은 이제까지의 선행 연구들과 달리 탈북인들의 적응 그 자체보다는 탈북 과정에서의 경험, 정착 과정, 사회적 관계, 관계에서 발생하는 구체적인 이익과 보상, 관계망을 유지하고 확대시키는 방법, 사회적 자본의 긍정적 혹은 부정적 효과 등을 연구하고자 했다. 또한 탈북인들의 관계망 형성과 유지 과정을 알아보기 위해서 이들이 탈북하여 남한에 정착할 때까지의 여정을 구체적으로 살펴보았다. 그 생존의 여정과 관계망 형성 · 유지 과정은 별개의 것이 아니기 때문이다. 특히 중국에서 생활할 때의 경험과 문제점은 탈북인들의 사회적 자본 형성 및 특성과 밀접하게 관련되어 있다. 탈북인들이 사회적 자본을 형성하고 축적하는 과정은 적응에 미치는 영향력을 떠나 그 자체로 충분히 흥미 있는 연구 주제가 될 것이다.

2. 사회적 자본

1) 사회적 자본의 개념

사회적 자본은 최근 사회과학 분야에서 가장 많이 주목받는 개념 중의 하나다. 사회적 자본은 "제도화되었든 제도화되지 않았든 상호 면식이 있어 알고 지내는 사이에 지속적으로 존재하는 관계의 연결망을 통해 얻을 수 있는 실제적이고 잠재적인 자원의 총합"(Bourdieu, 1986: 248; 유석춘 · 장미혜 · 정병은 · 배영, 2003 재인용) 혹은 "개인이 사회적 관계를 통해 다른 사람의 관심이나 도움을 얻을 수 있는 자원을 동원하는 능력"(Lin, 2001)으로 정의될 수 있다. 즉, 사회적 자본은 관계에서 비롯된 실질적인 자원 그 자체를 의미하기도 하고, 때로는 그러한 자원을 동원할 수 있는 개인이나 집단의 능력을 의미하기도 한다. 또한 사회적 자본은 좁은 의미로는 '네트워크'나 '신뢰'를 의미하기도 하고, 넓은 의미로는 규범, 제도 등을 포괄하는 제반 사회관계적 자산을 포괄하는 것으로 이해되기도 한다(우천식 · 김태종, 2007). 사회적 관계에 관한 규범은 상호작용에 따르는 비용을 감소시키고 불확실성을 줄여 줌으로써 관계의 신뢰를 높이는 기능을 한다. 사회적 관계를 통해 정보, 영향력, 사회적 신임, 보상이라는 요인이 작동함으로써 사회적 자본을 창출해 낸다(Lin, 2001).

그동안 사회학, 교육학, 경제학, 정치학 등 다양한 학문 분야에서는 사회적 관계망과 지지, 조직의 운영, 신뢰와 호혜성, 개인주의와 공동체성, 노동시장에서의 성취, 학업 성취 등의 주제들과 관련하여 사회적 자본이라는 개념을 사용했다. 사회적 자본은 일차 집단의 구속력이 약화되어 가고 있는 현대사회에서 이차 집단의 성공적인 운영과 존속을 가능하게 하는 특성으로 간주된다. 후기산업사회에서 가족이나 친족에 토대한 공동체 의식이나 집단 구성원으로서의 정체감은 개인주의에 의해 잠식되어 간다. 그러나 관계적 형태의 자본은 개인의 성취와 집단의 존속 모두를 가능하게 하는 기능으로 인식되었다.

사회적 자본에 대한 연구들은 사회적 자본이 가지는 순기능을 경제적 효율성 및 생산성 제고, 개인의 복리 증진, 사회통합 기반 강화라는 측면에서 정리했다(우천식 · 김태종, 2007). 상호 신뢰할 수 있는 관계에서 비롯되는 사회적 자본은 불확실성에 근거한 거래비용을 감소시킴으로써 경제적 효율성과 생산성을 향상시킬 수 있고, 네트워크에 참여하는 것은 소속감을 증진시키고 정체성을 확보하게 해 준다는 점에서 개인적인 보상이 된다. 나아가 사회적 자본은 사회 갈등을 줄이고 사회의 안정성을 유지하기 위한 사회통합 기제의 핵심적 요소가 된다.

경제학적 개념인 자본이 사회과학 분야에서 무차별적으로 사용된다는 비판이 없는 것은 아니지만, 결국 사회적 자본 개념은 관계의 맥락에서 개인과 집단 간에 나타나는 사회적 교환 관계를 설명하는 데 유용한 틀을 제공한다(유석춘 · 장미혜, 2006). 사회적 교환 관계에서 비합리적인 것처럼 보이는 행동들, 시장의 논리에 맞지 않는 행동들, 즉각적인 이윤추구에 위배되는 행동들도 사회적 자본이라는 관점에서는 설명이 가능하다. 사회적 자본은 상호 신뢰할 수 있는 관계에서 비롯되며, 상호 신뢰하는 관계란 장기적인 상호작용이 예측될 수 있을 때 이루어지는 관계다.

유석춘과 장미혜(2006)에 따르면 사회적 자본은 다음의 다섯 가지 특성을 가진다. 첫째, 경제적 자본이나 인적 자본과는 달리 사회적 자본은 개인적으로 소유 가능한 자원이 아니다. 사회적 자본은 개인과 개인 사이의 사회적 교환 관계에서 존재하는 자원이므로 개인적으로 소유권을 주장할 수 없으며, 어떤 이유로든 관계 사이에 존재하는 암묵적인 신뢰나 상호의존성이 깨어지면 다른 한쪽이 원하지 않더라도 사회적 자본으로서의 가치를 상실한다. 따라서 사회적 자본 연구에서는 개인, 관계, 집단이 모두 분석 단위가 된다. 둘째, 경제적 자본이나 인적 자본은 자본의 소유자에게 이익이 배타적으로 돌아가지만 사회적 자본으로부터 창출되는 이익은 당사자들 사이에서 공유되는 특성을 보인다. 물론 경제적 자본이나 인적 자본도 그 활용 여부에 따라 이익을 창출하여 사회적으로 환원되거나 공유될 수 있지만, 관계 내에서 이익이 공유되고 나아가 공공재가 될 수 있다는 점은 사회적 자본이 가지는 본질적 특성 중 하나다. 셋째, 사회적 자본은 다른 사람과의 관계를 만들고 유지하기 위해 오랜 기간 동안 의도적으로 혹은 비의도적으로 투자한 결과로 나타난다. 경제적 자본과는 달리 사회적 자본은 일단 획득된 후에도 지속성을 가지기 위해서 끊임없이 관계에 투자하고 사회적으로 교환되는 과정을 거쳐야 한다. 집단의 구성원들 사이에서 지속적인 교환 과정을 거쳐야 사회적 자본이 유지되고 재생산될 수 있다. 넷째, 사회적 자본은 당사자들이 사용하면 할수록 소모되는 것이 아니라 반대로 더욱 축적되고 증가되는 정합(整合) 관계로 나타난다(Adler & Kwon, 2000). 예를 들어,

관계된 사람들이 서로 신뢰를 주고받을수록 관계의 유대와 결속력은 더욱 강해지고 집단 내 신뢰의 총량도 증가한다. 다섯째, 경제적 자본과는 달리 사회적 자본의 교환 관계는 반드시 즉각적이거나 동시적으로 이루어질 필요는 없다. 사회적 자본의 축적은 오랜 시간 동안 반복적으로 일어난 교환 관계를 통하여 이루어지기 때문에 즉각적인 보상이 없더라도 장기적으로 보상의 교환이 예측된다면 일반화된 호혜성의 관계가 형성될 수 있다. 그러나 이러한 일반화된 호혜성은 계약적 관계에 비해 원천적으로 불안정한 성격을 가지고 있다.

이 특성들을 고려해 볼 때 사회적 자본의 일차적인 원천은 가족이나 친족이다. 가족은 생애 전반에 걸친 장기적인 관계가 기대되는 집단이다. 이러한 장기적 관계에 대한 기대 혹은 규범으로 인해 즉각적인 교환 관계를 넘어 상호 호혜적인 교환 관계가 이루어지고, 이러한 호혜성은 가족 구성원들 사이에서 일상적인 상호작용을 통해 일반화되는 경향이 있다. 가족 안에서는 끊임없는 상호작용과 의사소통이 이루어지고, 이를 통해 신뢰와 유대가 형성되며, 이러한 신뢰와 유대의 긍정적인 효과와 이익은 가족 구성원들 사이에서 공유된다. 그러나 이러한 신뢰와 유대는 가족관계가 해체되는 경우 동시에 자본으로서의 가치를 상실하게 되고, 그 이익이 다른 관계로 전이되거나 전환되기 어렵다. 예를 들어, 부부 사이에 형성하고 축적해 온 사회적 자본은 부부관계가 해체된다면 아무런 유익이 없다. 다른 관계로 이전되어 그 유용성을 지속적으로 인정받을 수 없기 때문이다. 사회적 자본의 특성이 가장 잘 나타난다는 점에서 가족이나 친족은 사회적 자본 연구에서 중요한 의미를 갖는다. 특히 서구사회와 달리 동양사회에서 가족이나 친족이 사회적 자본의 원천으로서 지니는 의미는 더욱 크다. 현대 중국사회의 Quanxi 관계망을 조사한 연구(Bian, Davis, & Wang, 2007)는 과거나 현재 모두 중국 사람들의 사회관계망의 중심에는 가족과 친족이 있으며, 가족과 친족이 중심이 되어 형성된 관계망이 사회적 자본을 창출하는 중요한 원천임을 지적하고 있다.

2) 사회적 자본의 형성과 기능

사회적 자본은 두 가지 요소를 가지고 있다. 첫 번째 요소는 사회적 관계에 내재되어 있는 자원이며, 두 번째 요소는 그 자원에 접근하거나 사용할 수 있는 동원력이다. 사회적 자본의 형성과 동원은 서로 별개의 차원으로 구분되어야 하며, 사회적 자본의 형성이 관계망의 구조적 특성에 따라 달라진다면, 이를 동원하는 능력은 관계망을 구성하는 각 개인들의 주체성에 달려 있다(Lin, 2001). 동일한 관계망 안에 존재해도 관계망이 가진 잠재적 자본을 활용하는 것은 행위자의 선택인 것이다.

자본이라는 이름에서 드러나듯이 사회적 자본에 대한 그동안의 연구들은 사회적 관계의 도구적 효과나 기능에 주목했다. 예를 들어, 사회적 자본 개념으로 개인의 경제 행위를 설명한 Granovetter는 관계망의 강도에 따라 강한 연결망과 약한 연결망을 구분하고 어떤 연결망이 개인의 경제적 성취에 더 도움이 되는지를 분석했다(Granovetter, 1983). 강한 연결망이란 친밀도와 감정적 유대가 강하고 일상생활에서 협력하는 빈도가 높은 연결망을 의미하며, 가족,

친족, 가까운 친구 등이 여기에 속한다. 반면, 약한 연결망이란 감정적 유대가 약하고 느슨한 연결망을 의미하며, 그저 알고 지내는 사람들이 여기에 속한다. 흥미로운 것은 강한 연결망에서 교환되는 정보는 반복적이고 동질적인 반면, 약한 연결망에서 교환되는 정보는 내용과 범위에 있어서 더 다양할 수 있다는 것이다. 바로 이러한 점 때문에 Granovetter는 약한 연결망이 다른 집단의 구성원들을 서로 연결시키고, 새로운 기회와 정보를 제공하는 다리 역할을 한다고 보았다.

중국인들의 사회관계망과 사회적 자본의 관계를 분석한 Bian과 동료들의 연구(Bian, Davis, & Wang, 2007)에서도 관계망의 크기, 범위, 사회적 지위는 사회적 자본의 총량을 증가시키는 정적 효과가 있는 반면, 관계망의 밀도는 부적 효과가 있는 것으로 나타났다. 즉, 넓고 사회적 지위가 높은 사람들을 포함하는 관계망은 사회적 자본을 증가시키지만, 관계망의 크기와 반비례해서 강해지는 관계망의 밀도는 사회적 자본을 증가시키기보다는 오히려 감소시킬 수 있다.

사회적 자본에 대한 도구적 관점에서는 사회적 자본을 개인주의의 부작용을 치유하고 건강한 시민의식과 공동체성을 회복하게 하거나(Putnam, 1993), 가족, 친족, 이웃과 같이 전통적으로 존재해 오던 일차 집단의 역할이 점차 감소하는 현대적 상황에서 개인들에게 소속감이나 정체성 그리고 결속력을 제공해 주는 효율적인 장치로 인식한다(Coleman, 1988). 사회적 자본은 최소한의 동질적 가치와 규범을 통한 신뢰 형성을 전제로 하며, 또한 연결망을 형성하는 구성원들이 집단의 가치와 규범으로부터 벗어나지 못하도록 규제하는 사회적 기제로 기능하기도 한다(Putnam, 1993).

학자들은 사회적 자본의 기능이 관계망을 둘러싼 사회문화적 특성과 관련된다고 강조했다. 우리나라뿐 아니라 중국, 홍콩 등 유교문화적 특성이 강한 사회에서는 혈연으로 맺어진 가족이나 친족관계가 여전히 중요한 사회적 자본으로서 기능하고 있다. 이러한 특성은 서구사회에서 생활하는 아시아계 이민자들에게서도 문화적 고유성으로 드러난다. 예를 들어, 미국에 사는 아시아계 이민자들에게는 신뢰 관계와 재정 자원에 기초한 사회적 자본을 형성하는 전통이 남아 있으며, 이러한 사회적 자본이 자영업 창업과 운영에 긍정적인 효과를 가져다 준다(이성균, 2006).

그러나 개인과 집단 혹은 관계 사이에 존재하는 사회적 자본이 반드시 긍정적으로만 작용하는 것은 아니다. 전근대적 질서와 인간관계가 극복되지 못한 사회에서는 사회적 자본이 폐쇄적인 집단 정체성을 강화시킬 가능성이 있다. 사회적 자본이 형성되고 축적되는 일차적인 장이 가족이라고 했지만 만약 가족이나 친족 간에만 신뢰가 존재하고 그 이상으로 사회적 자본이 확대 발전하지 못하게 된다면 폐쇄적인 집단이나 파당을 형성하게 된다. 가족 내부의 결속 관계는 강하지만 가족을 넘어서는 공동체 간의 관계는 발달할 수 없기 때문이다. 흔히 가족이기주의라고 일컫는 성향은 가족 내부에 강한 유대감과 사회적 자본을 동시에 가지는 특징을 가진다. 그러나 가족이기주의는 가족을 넘어서는 사회적 유대와 공동체성을 발전시키는 데 장애가 되며, 궁극적으로 더 성숙한 시민사회를 형성하는 데 걸림돌이 된다. 마찬가지로 혈연, 지연, 학연과 같은 전근대적 집단의식 역시 제도적 신뢰가 형성되는 토대를 잠식하기 쉽다.

일반적으로 산업화, 도시화가 진행되면서 사람들 사이에 존재하는 사회적 자본은 강하고 폐쇄적인 유대에서 약하고 느슨한 유대로 이행되는 특성을 가지고 있다. 이러한 과정에서 점점 더 많은 사람들이 다양한 사회적 활동, 공동체 활동에 참여하게 되고, 그 결과 사회 성원 간의 이해, 협력과 분업의 폭이 넓어지며, 그만큼 사회적 자본의 양과 질이 높아질 가능성이 있다(우천식 · 김태종, 2007). 한국사회에서도 가족이나 지역사회 등과 같은 일차적 공동체를 대체할 새로운 공동체의 출현, NGO나 사이버 공동체의 확산으로 사람들의 사회적 자본 축적 기반은 확대되고 있다.

한국사회에서 사회적 자본이 가지는 의미와 가능성에 대해서는 서로 상반된 시각이 존재한다. 한편에서는 한국 문화의 배타적 특성으로 인해 사회적 자본이 부정적으로 발달하게 될 가능성을 우려하고, 다른 한편에서는 관계성 중심의 고유한 문화적 특질을 오히려 발전적으로 승화시켜야 한다는 입장을 보인다. 전자의 입장에서 이재열(2006)은 혈연, 지연, 학연과 같은 사적 관계망이 공적인 제도로 전환되지 못하고 닫힌 관계망을 통해서 배타적인 파당이 되었기 때문에 전통적인 유대를 대체하는 제도적 기반을 모색해야 한다는 견해를 피력했다. 반면, 유석춘과 장미혜(2006)는 기존의 사적 관계망은 사회적 자본으로서의 잠재력을 가지고 있으므로 이를 발전적으로 재구성함으로써 집단 내부의 결속은 물론 다양한 종류의 연대를 보다 활성화시킬 필요가 있다고 주장했다.

우리 사회의 특수성과 사회적 자본의 관계를 보다 면밀하게 살펴볼 때 한국은 정부와 공적 제도, 규범에 대한 신뢰가 다른 나라에 비해 낮은 편이며, 이는 선진적 시장 거래 질서 정착, 대화와 타협에 의한 갈등 조정, 정부의 정책적 리더십 확충 등에 대한 장애 요인이 된다(우천식 · 김태종, 2007). 즉, 공적인 영역에서의 사회적 자본의 형성 기반이 상대적으로 취약한 것이다. 이에 대해 김우식(2006)은 사회적 자본 연구들이 개인주의적이고 법치주의적이며 개인의 권리가 평등한 사회를 기반으로 해 온 데 반해 한국사회에서는 개인의 권리를 존중하는 태도나 법치주의 기반이 매우 약하기 때문에 사회관계망의 효과가 다르게 나타날 수도 있다고 우려한다. 특히 의도적이거나 반복되는 위법 행동에서는 위법 행동의 당사자가 속해 있는 사회연결망이 그 행위자에게 결과를 회피할 수 있는 정보와 도피 도구가 되는 사회적 자본을 제공하는가 하면 연결망 공유의 문화를 통해 위법 행위 가능성이 높은 경향을 형성하기 때문에 위법 행동과 사회연결망은 긴밀히 관련된다(김우식, 2006). 이러한 사회적 문화 배경을 고려할 때 앞으로 우리 사회의 과제는 다양한 형태의 공동체들이 서로 공존하면서 전통적 공동체와 새로운 공동체가 상승적으로 발전할 수 있는 사회적 통합 기반을 확충하는 것이라 할 수 있다.

그 의미에서 탈북인들의 사회적 자본 연구는 중요한 의미를 갖는다. 탈북인들은 북한사회와 남한사회 그리고 그 사이에 있는 중국이라는 제3국을 거쳐 존재하는 특별한 이주민들이다. 북한사회는 강하고 폐쇄적인 유대를 기반으로 한다. 특히 북한사회에서 가족은 대규모의 심각한 식량 위기 속에서 개인의 생존을 가능하게 하고, 북한사회를 붕괴로부터 지켜 낸 보이지 않는 힘(박현선, 2003)으로 여겨질 정도로 강한 유대관계다. 따라서 탈북인 집단은 일차적인 공동체성이 매우 가시적으로 드러나는 집단이면서 동시에 새로운 사회적 자본을 축적하는 데 필요한 느슨한 연대를 실험하는 집단이기도 하다. 또한 남한사회에서 탈북인들은 소수자로서 자신들의 정체성을 공고히 하는 동시에 남한사회의 다양한 집단에 소속되어야 하는 적응 과제를 안고 있다. 탈북인들이 처한 이러한 상황은 사회적 자본을 연구하는 데 중요한 정보를 제공할 수 있다. 관계를 자본화하는 능력이야말로 탈북인들이 생존하기 위해 발달시켜야 하는 특성이다. 탈북인들이 형성한 사회적 관계망은 어떤 특성을 가지고 있을까? 강하고 배타적인 관계망을 형성하고 있을까, 아니면 느슨하고 약한 유대를 형성하고 있을까? 탈북인들은 가족이나 친척을 사회적 자본으로 어떻게 활용하고 있으며, 탈북인이라는 위치에서 생기는 정체성은 또 어떻게 활용하고 있을까? 우리는 탈북과 도피, 정착 과정에서 이러한 점들을 찾아보고자 한다.

3. 탈북인 현황 및 관련 정책

1) 탈북인 현황

탈북인의 연도별 입국 현황을 보면 1990년대 중반부터 탈북인 수가 증가하기 시작해서 2000년도 이후부터 그 수가 급속히 증가했다(〈표 1-1〉 참조). 1990년대 후반 탈북인의 수가 증가한 데는 북한의 식량위기 등과 같은 내부적 상황이 일차적인 동력이 되었으나, 탈북인 수가 가속화된 데는 북한의 내부적 상황 외에도 다른 요인들이 영향을 미쳤으리라 추정된다. 그동안 남한에 입국한 탈북인 인구의 특성 변화는 이런 추정을 뒷받침해 준다. 먼저 2000년대 입국한 탈북인 중 여성 비율이 매우 급격하게 증가했다. 1990년대 입국자 중에 여성은 20~40%에 불과했으나 2000년대 입국자 중에는 절반 이상이 여성이며 특히 최근 몇 년간의 입국자 중에는 여성이 70%를 차지했다(〈표 1-2〉 참조).

탈북여성의 증가에는 여러 원인이 있는데 전문가들은 북한의 내부 상황, 제3국에서의 상황, 전문 브로커의 활동과 관련하여 탈북인 여초 현상을 설명하고 있다(〈조선일보〉, 2005. 11. 2). 경제난 이전부터 북한에서는 가내작업반, 장마당 등을 통한 비공식 부문의 경제활동이 주민 생존의 기반이 되었고, 경제난과 더불어 여성들이 실질적 가장으로 생계전선에 적극적으로 나서는 경우가 더욱 증가했다(박영자, 2007; 이미경, 2006). 북한의 남성들이 공장, 기업소 등의 공식적 작업장에 묶여 있는 것에 비해 여성들은 상대적으로 비공식 부문에서의 경제 행위가 가능했기 때문이다. 가족 생존의 전략으로 여성의 비공식적 경제 행위가 활성화되었고, 탈북 역시 이 과정의 일환으로 이해할 수 있다. 비공식적 외화벌이를 위해 국경을 넘어 탈

표 1-1 탈북인의 연도별 입국 현황

단위: 명

연도 구분	~'89	~'93	~'98	~'01	'02	'03	'04	'05	'06	'07	'08.12	합계
인 원	607	34	306	1,043	1,138	1,281	1,894	1,383	2,018	2,544	2,809	15,057

자료: 통일부 인도협력국(2009). 북한이탈주민 현황.

표 1-2 탈북인의 성별 입국 현황

연도 구분	~'89	~'93	~'98	~'01	'02	'03	'04	'05	'06	'07	'08.12	합계
남(A)	562	32	235	563	506	469	626	423	509	570	612	5,107
여(B)	45	2	71	480	632	812	1,268	960	1,509	1,974	2,197	9,950
B/A+B	.7	.6	.23	.46	.55	.63	.67	.69	.75	.78	.78	.66

자료: 통일부 인도협력국(2009). 북한이탈주민 현황.

북한 후 가족에게 돌아가는 입북을 반복하는 여성이 증가했다.

또한 탈북인의 여초 현상은 제3국에서의 노동 및 결혼 수요와 관련되며, 이는 세계적으로 나타나는 여성의 노동이주 및 혼인이주 현상과 관련이 있다. 중국 등 제3국에서 여성은 남성에 비해 취업에 유리한 조건을 가지고 있다. 여성들은 서비스업종 중심으로 노동시장 진입이 훨씬 더 유연하게 이루어진다. 공식적으로는 서비스업 분야, 비공식적으로는 조선족이나 한족과의 인신매매혼, 유흥업소로의 인신매매 등 북한 여성에 대한 수요가 지속적으로 존재했고, 북한 여성들은 자발적, 비자발적으로 이러한 방식을 통해 중국에서 생존할 수 있게 되었다. 중국의 지역 간 불균등한 경제 발전으로 농촌 여성이 타 지역으로 이주함에 따라 중국 동북 지역은 중국 내에서도 여성이 가장 부족한 지역으로 성매매가 급증하고 있다(백영옥, 2002). 근래에 중국에서는 중국 거주 탈북인들을 일괄적으로 불법체류자로 규정하고 적발 시 강제 북송시키던 정책을 다소 변경하여 중국 남성과 결혼하여 아이를 낳고 살고 있는 장기체류 탈북여성에게 지방정부 차원에서 거주증을 발급하고 있는 것으로 알려졌다(〈뉴스한국〉, 2007. 7. 16). 이러한 정책은 중국 내륙 지방의 심각한 여성 부족 현상으로 인한 결혼 시장 불균형을 반영한 것으로 보이며, 탈북여성에 대한 사회적 수요를 인정한 결과라고 볼 수 있다.

여성이 취업이나 은신에 훨씬 유리하고, 중국에서 북한 여성에 대한 수요가 지속적으로 있으며, 남한에 들어온 이후에도 역시 여성들이 취업하기가 유리해서 브로커 비용을 받기가 수월하다는 이유로 전문 탈북 브로커들이 남성보다 여성을 선호하는 측면 역시 탈북인의 여초 현상에 기여했다(〈한국일보〉, 2006. 9. 13).

탈북인의 입국 현황을 보면 가족 동반 입국이 늘어났는데 최근 5년간 통계를 볼 때 매해 남한에 입국한 탈북인의 약 30%는 가족과 함께 입국한다(〈표 1-3〉 참조). 가족 동반 입국이 증가한 데에는 북한과 중국 사이의 국경 수비가 다소 느슨해져서 국경 탈출이 상대적으로 용이해졌고, 중국이나 한국에 대한 구체적 정보가 증가했기 때문인 것으로 짐작해 볼 수 있다. 공식적인 통계가 발표된 적은 없으나 여성의 탈북이 증가하면서 자녀를 동반한 탈북 역시 증가했을 가능성이 있다. 탈북인에 대한 선행 연구들을 살펴볼 때, 동반 입국이 아니더라도 먼저 입국한 탈북인의 가족이 후에 연고를 통해 입국하게 된 사례 역시 적지 않으리라 추정된다(이순형 · 조수철 · 김창대 · 진미정, 2007).

이러한 탈북인 인구 구성의 변화와 탈북의 시대적 상황의 변화는 남한에 입국하는 탈북인의 집단적 특성이 변화하고 있음을 시사한다. 탈북인 관련 업무를 담당하는 전문가들은 1990년대 중후반의 탈북인과 2000년 이후의 탈북인들 사이에 탈북 동기, 특성, 정보의 측

표 1-3 탈북인의 가족 단위 남한 입국 현황

연도 \ 구분	총 입국자 수	가족 입국자 수	단독 입국자 수
2002	1,138	403	735
2003	1,281	412	869
2004	1,894	672	1,222
2005	1,383	379	1,004
2006	2,018	615	1,403
2007	2,544	709	1,835
2008. 11	2,471	620	1,851

주: 가족 입국의 형태가 다양해 정확하게 가족 단위 입국자를 분별하기 어려우므로 가족 입국자 수는 총 입국자 수에서 단독 입국자 수를 뺀 수다.

자료: 통일부(2008). 내부 통계 자료.

면에서 구별되는 특성이 있다고 한다. 경제적 이유로 탈북했다는 점에서는 공통적이지만 1990년대 중·후반의 탈북인이 생존을 위해 절박하게 탈북하는 '기아모면형'인 반면, 최근 탈북인은 보다 나은 삶을 찾아서 탈북하는 '기획탈북형'인 경우가 많다(박현선, 2002).

1990년대에는 한국으로 가서 살기 위해서가 아니라 중국에 가서 생계 문제를 해결하기 위해서 무작정 탈북한 경우가 많았다. 중국 공안의 수사도 엄격했고, 공안에게 발각되어 북한으로 송환되는 경우의 처벌도 매우 엄중했다. 이때 탈북한 사람들은 최근의 탈북인들에 비해 중국에 거주한 기간도 더 길었고 도피하면서 지낸 기간도 더 길었다. 이들은 정서적으로 더 불안정하고, 중국에서 지내는 동안 왜곡된 물질주의 성향을 형성하여 돈으로 무엇이든 해결할 수 있다는 생각을 더 강하게 가지고 있다.

이에 비해 최근의 탈북인들은 먼저 탈북한 사람들 혹은 브로커들을 통해 중국이나 한국 또는 미국에 대한 정보를 듣고 새로운 사회에서 보다 나은 삶을 영위하기 위해 탈북한다. 이들 역시 탈북 과정에서 고생하고 위험에 처하는 것은 마찬가지지만, 이미 탈북 루트가 개발되어 있고 활동하는 브로커들도 많이 있기 때문에 상대적으로 빠른 시일에 남한에 입국할 수 있게 되었다. 이들은 한국에 오는 경우 어떤 지원을 받을 수 있는지에 대해서 비교적 상세한 정보를 가지고 있으며, 최근에는 한국에 살기보다 난민으로 이민 허가를 받아 미국으로 가는 것을 선호하는 모습을 보일 정도다. 최근의 탈북은 국내외의 사회적 연결망을 따라 이동하는 연쇄 이동의 성격이 강하며, 탈북 현상이 제도화되고 보편화되면서 탈북인들의 배경 특성도 변화하게 되었다(윤인진, 2000).

"어떤 자유를 갈망하거나, 굶어서 진짜 남한에 가면 굶지는 않겠구나 하고 오는 게 초기였다면, 요즘엔 막연히 한국에 대한 꿈을 가지고 왔다가 여기서 정착금 주는 것 몰래몰래 다 모아 가지고 다 중국에 가서 이 돈 가지고 살면 떵떵거리고 산다. 그런 얘기 많이 하고……." (실무자 나)

"초창기에 오는 사람은 불안해하고 막 맨날 그런 게 다 보이는데. 지금은, 어느 정도. 그리고 또 하나는 오기 전에 사전 지식을 다 들었거든요? 심지어는 하나원에 가면 뭐 ○○ 선생이 있는데 성격이 어떻다는 것까지도 알고 오죠." (실무자 다)

탈북인에 대한 연구는 탈북이 이루어지는 시기와 맥락에 따라 세밀하게 접근해야 한다. 2000년 이후 입국한 탈북인들은 앞서 탈북하고 입국한 사람들과의 연계를 가지고 있을 가능성이 높으며 그들의 도움으로 탈북, 입국, 적응의 과정을 거칠 가능성이 높다. 필자들의 관심은 탈북 과정에서 사회관계망이 어떻게 활용되어 사회적 자본이 되는지에 있기 때문에 주로 2000년 이후에 남한에 입국한 탈북인들을 대상으로 하여 연구를 진행했다.

2) 탈북인 정착 지원 정책

탈북인 정착 지원 정책은 탈북인의 생활을 이해하는 데 필수적이다. 탈북인들의 탈북하고 남한에 입국하고자 한 의사결정, 일상생활, 적응 수준은 정부의 정착 지원 프로그램과 긴밀한 관련이 있다. 특히 탈북인들의 사회적 자본 형성과 정부의 정착 지원 내용은 직 · 간접적으로 관련된다. 예를 들어, 탈북인 주거 정책은 탈북인의 사회관계망 형성의 공간적 맥락과 관련된다. 탈북인에게 특정한 지역의 영구임대아파트를 배정하는 현재의 주거 정책은 자연스럽게 탈북인 집락 지역을 형성하게 하고, 지역사회를 중심으로 탈북인의 관계망이 형성 · 확대될 수 있는 근거를 제공한다. 이렇듯 정착 지원 정책은 탈북인 삶의 일차적인 맥락과 조건을 형성하기 때문에 구체적인 지원 정책의 내용을 아는 것이 필요하다.

우리나라 정부의 탈북인 정책에 대한 기조는 매년 통일부에서 발행하는 『통일백서』에 명시되어 있다. 2007년 『통일백서』에 명시된 탈북인에 대한 정부 정책의 기본적인 방향은 해외 체류 탈북인의 수용, 자립 기반 조성 및 자활 지원, 탈북인 민간 지원 단체와의 협력 관계 구축에 있다. 먼저 외국에 체류하고 있는 탈북인이 한국행을 희망하는 경우 인도주의와 동포애 차원에서 전원 입국시킨다는 것이 원칙이며, 국내법과 UN난민협약 등 국제법에 부합되도록 이들을 보호하고 국내로 수용하고 있다. 체류 국가에서의 체류 여건이 개선되고 본인의 의사에 반한 강제북송이 이루어지지 않도록 외교적 노력을 경주하고 있으나, 중국 등 제3국과의 외교적 관계로 인하여 소극적이고 수동적인 조치를 취한다는 점에서 비판을 받기도 한다. 국내에 입국한 탈북인들에 대해서는 학교 교육, 직업훈련, 다양한 인센티브 제공을 통하여 자립 기반을 조성하고 자활 능력을 배양하는 것을 강조하고 있다.

하나원으로 알려진 '북한이탈주민정착지원사무소'는 1997년 제정된 「북한이탈주민의 보호 및 정착지원에 관한 법률」에 의해 설치된 사회적응 교육 기관이다. 1997년 당시 수용 인원 100명 규모로

착공되었으나 입국하는 탈북인의 증가로 2003년 증축하여 2009년 현재 동시 수용 인원이 300명으로 확대되었다. 탈북인들은 입국하게 되면 먼저 대성공사에서 조사를 받은 후 바로 하나원에서 시설보호를 받으면서 정서 안정 및 건강 증진(41시간), 우리 사회 이해 증진(118시간), 진로 지도 및 직업 기초 능력 훈련(144시간), 초기 정착 지원(57시간)을 주 내용으로 총 360시간의 교육을 받게 된다(2007년 『통일백서』 기준). 하나원의 탈북인 교육 기간은 시기별로 달라졌는데, 처음에는 2개월이었다가 2004년에 3개월로 연장되었고, 2006년에는 10주로 축소되었다.

하나원은 탈북인들의 사회관계망과 사회적 자본 형성에 매우 중요한 기반이다. 입국하는 탈북인의 규모에 따라 다르지만 보통 한 기(期)가 약 100명으로 구성되며 동시에 여러 기의 교육 과정이 운영된다. 기별로 다르기는 하지만 탈북인들은 10~12주 기간 동안 집단적으로 합숙하며 지낸다. 탈북인들에게 하나원은 남한생활에 필요한 여러 가지 정보를 얻는 곳이고, 이성교제 상대를 만나는 곳이며, 같은 탈북인들끼리 긴밀한 사회관계망을 형성할 수 있는 곳이다. 약 3개월이라는 기간 동안 폐쇄된 공간에서 일상을 공유하며 지내기 때문에 하나원 동기는 서로에 대해 잘 알고 서로 의지할 수 있는 동창과도 같다. 탈북인 동기들뿐만 아니라 하나원의 직원들도 탈북인들에게는 남한에서의 최초의 지지자로서 사회관계망의 중요한 구성원이 된다.

하나원을 퇴소하게 되면서 탈북인에게 주어지는 정착 지원은 크게 정착금, 주거 지원, 사회복지 지원이다. 2007년 기준으로 정착금은 1인 가구의 경우 1,000만 원이며 가구 규모에 따라 증액된다. 이와 더불어 노령, 장애, 장기질병 등의 사유가 있는 경우 기본 정착금 외에도 가산금이 부여된다. 장려금의 경우에는 직업훈련 과정을 이수하거나 자격증을 취득한 경우 혹은 동일한 사업장에서 1년 이상 지속적으로 취업하고 있는 경우에 지급되며 최대 1,540만 원까지 수령이 가능하다.

나중에 다시 언급하겠지만 직업훈련 과정을 이수하면 장려금이 주어지기 때문에 탈북인들은 대체로 다양한 유형의 직업훈련 기관에서 훈련을 받는다. 탈북인들은 탈북인들만을 대상으로 하는 직업훈련 과정을 다니기도 하고, 또는 남한 주민들과 함께 훈련 과정을 다니기도 하면서 또 한 번 탈북인들의 관계망을 확대시킬 기회를 얻는다. 직업훈련 기관에 다니는 것은 직업 기술을 습득하고 자격증을 취득하는 데 따른 장려금을 받는 것이 가장 중요한 이유지만, 동시에 탈북인들 사이의 인간관계를 넓히고 이를 통해 사회적 자본을 축적하는 것 역시 중요한 이유가 된다.

주거 지원의 경우 하나원에서 퇴소함과 동시에 탈북인은 영구임대아파트를 배정받는다. 정부는 임대아파트 임대보증금 용도로 1인 가구의 경우 1,000만 원, 2인 이상의 가구의 경우에는 1,500만 원을 지급한다. 정부에서 배정하는 영구임대아파트 단지는 탈북인들이 일상생활에서 함께 모여 상호작용할 수 있는 공간을 제공한다. 영구임대아파트의 배정은 서울을 비롯한 수도권에 탈북인이 집중되는 것을 방지하기 위해 전국적으로 분산하여 이루어지지만 탈북인들은 취업과 생활이 용이한 서울과 수도권을 선호한다. 서울의 양천구, 노원구, 송파구, 인천 남동구 등의 임대아파트 단지는 탈북인들이 많이 거주하는 대표적인 탈북인 거주 지역이다. 이들 지역에는 탈북인들을 대상으로 특화된 프로그램이나 서비스를 제공하는 지역사회 복지관들이 있으며, 이러한 복지관을 통해 또다시 탈북인들은 서로 왕래할 수 있는 기회를 얻는다. 예를 들어, 복지관에서는 탈북인 가족의 아동이나 청소년을 위한 공부방 프로그램, 사회적응 교육 및 상담, 취업 상담 등 다양한 서비스를 제공하고 있다. 이외에도 정착 지역을 중심으로 거주지보호담당관과 민간단체의 자원봉사자로 구성된 정착도우미 제도[3]를 활용하여 탈북인의 지역사회 정착을 돕고 있다. 정착도우미는 탈북인의 거주지 편입 초기 지역 정보 제공, 생활 안내 및 상담, 복지관과의 연계 등의 역할을 수행하며 이들의 초기 정착을 돕는다.

탈북인에 대한 지원은 1997년 「북한이탈주민의 보호 및 정착지원에 관한 법률」의 제정으로 제도적 기반을 갖춘 이후 여러 차례의 개정 및 보완을 통해 변화해 왔고, 탈북인 정착 지원 정책은 정부의 대북관계 및 통일 정책 기조의 영향을 받아 지속적으로 변화해 왔다. 탈북인 지원 정책이 시작된 이후 김대중 정부까지 시기별로 탈북인 국내 정착 정책의 현황을 분석한 박현선(2002)은 국내 탈북인 정착 정책이 '이데올로기적 차원'에서의 확대기에서 '사회복지 차원'에서의 축소기를 거쳐 '통일 대비 차원'에서의 확대기로 변화되었다고 해석했다.

탈북인 정착 지원 정책이 중요한 이유는 구체적인 정책의 내용에 따라 탈북인들의 대응적 생활양식이 달라지기 때문이다. 그동안 탈북인 연구자들과 관련 실무자들은 기본 정착금 제도가 탈북인의 자

3) 정착도우미 제도는 대한적십자사, 한빛복지관, 공릉복지관, 가양7복지관, 태화복지관, 부산종합복지관, 자원봉사능력개발원 등 9개 단체에서 시행되고 있으며 주로 복지시설을 중심으로 복지 프로그램과 연계되어 운영된다.

립 의지를 경감시키고 제도적 의존성을 증가시킨다는 것을 지속적으로 주장해 왔다(조정아 · 정진경, 2006). 기본 정착금은 탈북인들의 초기 정착을 돕는다는 기본 취지와 달리 탈북인 자신의 브로커 비용

표 1-4 탈북인 정착 지원 프로그램

구 분	항 목	내 용
정착금	기본금	1인 세대 기준 1,000만 원
	장려금	직업훈련, 자격증 취득, 장기취업자의 경우 최대 1,540만 원 지원
	가산금	노령, 장애, 장기 질병 등의 사유가 있는 경우 최대 1,540만 원 지원
주 거	주택 알선	임대아파트 특별 알선(영세민보다 우선 알선)
	주거 지원금	1,000만 원(1인 세대), 1,500만 원(2인 이상 세대)
취 업	직업훈련	무료 직업훈련을 실시하며, 훈련생에게 훈련 수당 지급(노동부)
	고용 지원금	고용주에게 급여의 반액을 24개월간 지원 −1~12월: 50만 원 한도/13~24월: 70만 원 한도
	취업보호담당관	전국 46개 종합고용지원센터에 취업보호담당관을 지정, 취업 상담 · 알선
사회복지	생계급여	소득이 최저생계비 미달 가구에 대해 지원 −36만 원(1인 세대)~132만 원(6인 이상 세대) −근로능력 가구는 사회 배출 2년차부터 근로조건 부과
	의료보호	의료보호 1종 수급권자로서 의료 혜택
교 육	대학 특례 입학	대학 진학 희망자의 경우 특례로 대학 입학
	등록금 지원	고교 및 국공립대학은 무상교육 사립대학은 등록금 반액 국고 지원, 반액은 학교측이 자율적으로 면제 조치
정착 도우미	−	새터민 1세대당 2명의 민간 정착도우미를 지정, 초기 정착 생활 지원(전국 약 1,200명)
자격 인정	−	북한에서 취득한 자격증의 전부 또는 일부 인정

자료: 통일부(2006). 국정감사 자료(사회문화교류본부).

으로 사용되거나 탈북인 가족의 추가적인 탈북을 위한 브로커 비용으로 사용되기도 한다(오수열, 2006). 탈북인 가운데 정착 지원금을 가지고 국내에 입국하기 위해 약속한 브로커 경비나 제3국에 남아 있는 가족을 입국시키는 비용으로 지출하는 경우가 발생하는 것이다(박현선, 2002). 이러한 비판을 반영하여 기본 정착금의 액수는 지속적으로 감소되었다. 대신에 직업훈련이나 취업 준비를 장려하기 위한 제도들이 발전되어 왔으며, 지역사회를 중심으로 탈북인의 사회통합을 지원할 수 있는 정책들이 개발되었다. 이러한 정착 지원 정책 프로그램의 변화는 탈북인들의 사회적 자본 형성에 영향을 미치는 요인 중 하나가 되었다.

4. 탈북인 관련 선행 연구

탈북인의 수가 증가하면서 탈북인에 대한 연구도 꾸준히 이루어져 왔다. 국내에 입국한 탈북인들은 출신 지역, 연령, 성별 등이 편향되어 있어 인구학적 측면에서 전체 탈북인이나 북한 주민을 대표한다고 보기 어렵다. 지금까지 입국한 탈북인들은 주로 국경에 인접한 함경도 지역 출신이 많았고, 연령대도 30~40대가 다수를 차지하며, 앞서 언급한 바와 같이 현재는 탈북여성이 급속히 증가하는 추세다. 북한사회의 폐쇄성과 국가 권력의 중앙 집중, 평양을 중심으로 하는 권력의 공간 배치 등을 고려해 볼 때 중국과의 국경 지역은 상대적으로 북한의 통제시스템이 강력하게 발동하기 어려운 지역이며, 따라서 국경 지역에서 살던 탈북인들은 북한 내륙 지역의 주민들과 비교하기 어려운 특성들을 소유할 수 있다. 그럼에도 탈북인 연구는 통일학이나 북한학 연구에서 중요한 비중을 차지해 왔다. 탈북인 면접조사가 북한사회의 대외적 폐쇄성으로 인해 북한당국이 공식적으로 발간하는 공간(公刊) 문헌에 의존할 수밖에 없는 북한 연구의 편향성을 보완해 줄 수 있기 때문이다(최봉대, 2003). 북한의 자료는 공간 문헌 외에는 동원할 수 있는 일차자료가 별로 없고, 공간 문헌은 경험기술적인 자료의 특성을 가지지 못한다는 점이 북한 연구가 어려운 이유 중 하나다. 이런 상황에서 탈북인 면접조사는 문헌 연구와 병행하여 교차 확인을 가능하게 하고, 북한사회의 중장기적인 경향을 파악하는 데 도움을 줄 수 있다(류길재, 2003).

그동안 이루어진 탈북인 연구의 세부 주제들을 살펴보면 탈북인 연구가 통일 후 남북한 주민의 통합 문제를 예견하고 준비하는 관점에서 이루어져 왔음을 알 수 있다. 연구자들은 탈북인들의 남한생활이 앞으로 남북한 사람들이 섞여 살게 되었을 때 서로 얼마나 잘 적응할 수 있을지를 예측하게 해 주는 리트머스 시험지이자 남북한 사회통합의 효과를 미리 경험해 볼 수 있는 소규모 예비 실험이라고 본다(조정아 · 정진경, 2006). 따라서 탈북인에 대한 대부분의 연구들은 이들이 입국하여 정착하는 과정에서 겪는 경제적, 사회적, 문화적, 심리적 문제들을 발견하고, 이러한 문제의 원인을 규명하며, 적응을 돕기 위한 여러 가지 정책적 제언을 하는 것을 공통의 과제로 삼고 있다. 그러다 보니 기존 연구의 대부분은 탈북인들의 전반적인 사회적응의 수준과 문제점들을 점검하는 총론적인 수준에 머물고 있으며, 동일한 자료와 유사한 해석 및 정책 제안을 반복하고 있다(윤인진, 2000).

고무적인 것은 최근 다양한 관점과 학문적 관심사를 반영하는 탈북인 연구들이 조금씩 증가하기 시작했다는 점이다. 자녀양육, 결혼생활과 같은 삶의 경험(김미정 · 정계숙, 2007; 조영아 · 전우택, 2005), 탈북 과정에서 발휘되는 레질리언스와 어려움의 극복(이순형 · 조수철 · 김창대 · 진미정, 2007), 탈북인 정착 지원을 둘러싼 사회복지 지역네트워크 분석(박현식, 2006; 안혜영 · 이금순, 2007) 등 일반적인 적응 수준보다는 구체적인 영역에서의 생활 적응에 대한 연구와 세분화된 복지 지원 방안에 대한 연구가 늘어나기 시작했다. 이러한 연구의 흐름은 연구자들이 탈북인에 대해 다각적인 관심을 가지게 되었음을 의미한다. 기존의 접근에서는 통일이나 사회통합이라는 전제에서만 탈북인 문제에 관심을 기울였다면, 이제는 통일 문제와 별개로 개별적 존재로서의 탈북인의 생애발달 과정이나 삶의 질에도 연구자들이 관심을 가지게 되었음을 보여 준다. 또한 탈북인 연구가 정착 지원이나 통일 준비라는 실용적인 목적의 연구를 넘어서 사회과학적 개념과 이론을 적용해 볼 수 있는 학문적 연구로 발전하고 있음을 반영한다.

이 책도 통일을 대비한 탈북인들의 적응이나 정착 그 자체에 대한 관심에서 출발한 것이 아니다. 사회적 자본이라는 개념을 통해 탈북인들이 서로 관계를 형성하고 활용하는 방식을 알아보는 데 관심을 두었다. 탈북인들의 사회적 자본이 궁극적으로는 그들의 정착이나 적응에 활용되겠지만 여기서는 사회적 자본이 정착에 미치는 영향보다는 사회적 자본이 형성되고 활용되는 방식 자체에 초점을 맞추었다.

다음에서는 탈북인의 입국이 대규모화된 2000년 이후에 이루어진 연구들을 중심으로 탈북인의 사회관계망에 대한 선행 연구들을 살펴보고자 한다. 앞서 언급했듯이 탈북인에 대한 선행 연구는 대체로 정착 지원과 적응 문제라는 측면에 초점을 맞추고 있어 탈북인의 사회관계망에 대한 연구는 많이 이루어져 있지 않은 편이다. 몇 편의 논문들을 통해 탈북인의 사회관계망에 대하여 살펴보았다.

탈북인에 대한 선행 연구들은 대체로 문화접변 혹은 문화적응[4)]의 관점에서 이루어졌다. 문화적응은 개인이나 집단이 새로운 문화와 접촉하면서 나타나는 변화를 말한다. 집단과 집단이 만나서 나타나는 문화적응은 제도나 체제의 변화를 포함해 물리적 변화, 생물적 변화, 정치적 변화, 경제적 변화, 문화적 변화, 사회적 변화를 포괄한다. 반면, 개인과 집단 혹은 개인과 개인이 만나서 나타나는 변화는 행동, 정체성, 문화적응 스트레스, 건강 등의 차원에서 구분할 수 있다(Williams & Berry, 1991).

문화적응은 두 문화의 만남에서 이루어지는 개인의 적응이기 때문에 본질적으로 일방적인 과정이 아니라 양방적인 과정이다. 그러나 실제 문화적응의 연구는 소수 문화가 주류 문화와 접촉했을 때 나타나는 소수 문화에 속한 개인의 변화를 중심으로 기술된 예가 많으며, 탈북인 연구 역시 예외는 아니다. 탈북인 연구는 집단 수준의 변화보다는 개인 수준의 변화에 초점을 맞추고 있으며, 탈북인과의 상호작용이 남한 주민들에게 어떤 변화를 가져왔는지보다는 남한사회나 남한 주민과의 상호작용이 탈북인에게 어떤 변화를 가져왔는지에 초점이 맞추어져 있어 이들이 양방적인 문화적응의 주체가 아니

4) acculturation은 문화이식, 문화접변 또는 문화적응으로 번역된다.

라 통합의 대상임을 간접적으로 시사하고 있다.

선행 연구들은 크게 경제적 차원, 사회문화적 차원, 심리적 차원에서 탈북인의 적응을 살펴보았다. 경제적 차원의 적응은 재정적 수준 변화를 비롯하여 자신들에게 익숙한 경제 체제, 경제적 가치 체계 또는 경제적 가치의 창출 방법의 변화와 적응 현상을 의미한다(Berry, 1989). 취업, 직장 문제, 생활비 마련 등과 같은 생계와 관련하여 이들의 적응 과제는 사회주의 체제와는 완전하게 다른 자본주의 시장경제 체제를 이해하고 여기에 소속되어 생활하는 것이다. 사회문화적 차원의 적응은 전통적으로 가지고 있던 집단 간, 개인 간의 관계 변화를 의미한다. 모국어 대신에 새로운 정착지의 언어를 습득하고 대인관계에 적응하는 현상, 종교 활동의 변화, 전통적 가치관과 교육 방법의 변화, 대대로 전수되어 온 기술의 포기 및 직업의 변화와 적응 현상을 의미한다(Berry, 1989). 즉, 일상적 생활 환경에서 사회적 관계를 형성하고 유지하는 것과, 생활양식과 문화의 측면에서 나타나는 제도적, 관습적 차이를 이해하고 수용하는 것을 의미한다. 심리적 적응이란 지리적 이주 및 문화적 이질성에서 비롯되는 정체성 혼란이나 박탈감, 소외감, 우울 등과 같은 심리적 스트레스를 극복하여 안정적인 정서 상태와 정신건강을 유지하는 것을 의미한다. 흔히 심리적 적응이나 정신건강은 경제적 적응이나 사회문화적 적응 여부를 보여 주는 지표로 활용될 수 있다. 즉, 경제적 차원이나 사회문화적 차원에서 성공적으로 적응한 사람들은 심리적 스트레스가 낮고 정신건강상의 문제가 적을 것이다. 따라서 탈북인의 정신건강은 전반적인 적응 정도를 반영하는 지표가 되기 때문에 탈북인 연구에서는 중요한 주제로 다루어져 왔다(채정민 · 김종남,

2004; 한인영, 2001; 한인영 · 이소래, 2002).

탈북인이 당면한 가장 큰 어려움이 취업 영역에 있다는 것은 연구에서 공통적으로 지적하는 바다. 취업하는 것이 용이하지 않고, 취업을 한 경우에도 언어 장벽, 강한 노동 강도와 규율, 무관심과 경쟁적인 조직 문화, 이중적인 의사소통, 남한 사람들이 탈북인에 대해 가지는 부정적인 인식과 태도 등으로 인해 직장 내 갈등을 유발할 가능성이 높다(조정아 · 정진경, 2006). 이 문제들 때문에 탈북인들 중에서는 안정적인 취업을 선택하기보다는 생계비 보조금과 임시 아르바이트로 수입을 마련하는 사람들도 있다(이기영, 2005). 북한이탈주민의 취업과 관련된 최근의 표본 조사에서는 취업률이 70.3% (북한인권정보센터, 2005)에서 85.3%(이금순 · 김규륜 · 김영윤 · 안혜영 · 윤여상, 2005)까지 발표되었으나 이들 조사 모두 1997년도에서 2004년까지의 국내 입국자들을 대상으로 한 것이기 때문에 취업률이 실제보다 높게 조사되었을 가능성이 크다. 최근 탈북인들의 경우에는 직업훈련 등의 이유로 비취업 상태인 경우가 많고, 비정규직 아르바이트로 수입을 마련하는 사례가 많아 취업률 조사에 어려움이 있다.

사회관계망이나 사회적 자본과 관련해서 이루어진 연구들은 주로 사회적 지지가 탈북인의 적응에 미치는 영향에 관심을 가지고 이루어졌다. 탈북인의 문화적응과 사회적 지지에 대한 이소래(1996)의 연구는 탈북인의 사회적 지지에 대한 초기 연구 중 하나다. 이 연구에서는 사회적 지지를 정서적, 물질적, 평가적, 정보적 지지로 구분했는데, 이러한 사회적 지지의 유형 구분은 탈북인의 사회적 지지에 관한 연구에서 많이 인용되었다. 수도권의 탈북인 51명을 대상으로 한 이 연구에서는 지지 제공자의 수 크기와 문화적응 간에 유의한 상관성이 발견되지 않았지만, 사회적 지지 제공자의 유형이나 사회적 지지 유형에 따라서는 유의한 차이가 발견되었다. 51명의 응답자 중에 남한에서 새로운 양부모(養父母)가 생겼다고 한 응답자가 9명이었는데, 이들의 문화적응 스트레스는 양부모가 없는 응답자의 문화적응 스트레스에 비해 상대적으로 낮았다. 또 직장 동료나 상사가 있다고 한 응답자의 문화적응 스트레스도 상대적으로 낮았다. 정서적, 물질적, 평가적, 정보적 지지의 정도는 문화적응 스트레스와 부적인 상관이 있었으며, 그중에서도 정보적 지지와 문화적응 스트레스 간 상관이 가장 높았다. 이 연구에서는 북한이탈주민 모임에 참여한다고 한 응답자가 약 55%로, 응답자 두 사람 중 한 사람이 탈북인 모임에 소속되어 있었다.

박윤숙(2007)은 197명의 탈북청소년들을 설문조사하여 사회적 지지망과 사회적응 간의 관계를 연구했다. 이 연구에서는 사회적 지지망의 크기를 '만족할 만한 지지를 제공하는 사람들의 수'로 측정했는데, 지지 제공자가 없는 경우부터 9명이 있는 경우까지 분포되어 있었다. 사회지지망의 평균 크기는 2.1명이었다. 이들의 사회지지망 유형을 공식적 지지망(교사, 종교관계자, 민간단체 실무자 등)과 비공식적 지지망(가족, 친구, 공동체, 가족 등)으로 구분했을 때 탈북청소년들이 언급한 공식적 지지 제공자는 총 420명이고 응답자의 41%가 공식적 지지자를 가지고 있는 반면, 비공식적 지지 제공자는 총 604명으로 응답자의 59%가 비공식적 지지자를 가지고 있는 것으로 나타났다. 탈북청소년들에게 공식적 지지망보다는 비공식적 지지망이 상대적으로 더 큰 비중을 차지하고 있음은 주목할 만한 결과다. 이 연구에서도 이소래(1996)의 연구와 마찬가지로 사회적 지지를 네 가지 유형으로 나누어 보았는데, 정서적 지지를 제공하는 사람들이 가장 많은 반면 물질적 지지를 제공하는 사람이 가장 적은 것으로 나타나 탈북청소년들의 사회망은 정서적 지지를 중심으로 형성되어 있음을 알 수 있었다. 사회적 지지망이 사회적응에 미치는 영향을 보았을 때, 공식적 지지망의 크기는 사회적응에 유의한 영향을 미치지 않았으나, 비공식적 지지망의 크기는 비행과 일탈 수준, 우울과 불안, 정서적 적응에 부적으로 관련되는 반면 문화적응과 가족관계에는 정적으로 관련되었다. 사회적 지지 수준 역시 비행과 일탈 수준, 우울과 불안에는 부적으로, 문화적응과 가족관계에는 정적으로 관련되었다. 즉, 가족으로부터 받는 사회적 지지가 문화적응의 정도를 높이는 데 관련된다는 것이다.

탈북인의 우울과 사회적 지지의 관계를 조사한 송지준(2005)의 연구에서도 이소래(1996)의 척도를 가지고 126명의 성인 탈북인을 대상으로 분석한 결과, 정서적 지지와 평가적 지지가 탈북인의 우울 성향과 부적으로 관련되는 것으로 나타났다. 한편, 물질적 지지와 정보적 지지는 우울 성향에 유의하게 관련되지 않는 것으로 나타났다.

탈북인의 적응 스트레스, 사회적 지지, 우울 성향에 대해 연구한 김미령(2005)은 탈북인 연구의 제한점을 이론의 부재에서 찾고 있다. 문화적응 이론과 스트레스 이론에 기초하여 탈북인의 사회적 지지에 접근한 이 연구에서는 사회적 지지를 크게 기능적인 것과 구조적인 것으로 구분했다. 구조적 지지란 개인 상호작용의 실질적인 거래를 배태하는 사회적 지지망의 다양성, 크기, 빈도, 밀도 등을 의미하며, 여기서 창출된 소속감, 유대감, 결속력, 애정 등을 포함한다.

이에 비해 기능적 지지는 사회적 지지망을 통해 실질적으로 얻을 수 있는 도구적, 정서적 이익을 의미한다. '탈북자동지회' '백두한라회' '통일을 준비하는 귀순자협회' 등 탈북인 단체의 구성원 164명을 설문조사한 자료를 분석한 결과에 따르면, 탈북여성이 남성보다 집단 참여율이 더 높고, 연령이 높을수록 탈북인 친구들과의 만남이 더 잦은 것으로 나타났다. 가장 절친한 사람이 제공하는 정서적, 도구적 지지에 대해서 질문한 결과는 연령이 높아질수록 두 가지 유형의 지지 수준이 낮아지는 것으로 발견되었다. 이러한 구조적 지지와 기능적 지지가 탈북인의 우울 성향에 미치는 영향을 회귀분석한 결과에서는 정서적 지지와 우울 간에 부적인 관계, 도구적 지지와 우울 간에는 정적인 관계가 있는 것으로 나타났다. 이 연구에서는 이러한 결과를 무조건 인과적인 것으로 해석하고 있으나, 실제 사회적 지지와 우울 성향이 어느 한쪽을 원인 또는 결과로 지목할 수 없는 상관관계임을 고려해야 한다. 사회적 지지가 우울 수준을 낮추거나 높일 수도 있지만, 우울 수준이 사회관계망에 참여하는 정도나 사회적 지지를 이끌어 내는 요인이 될 수도 있기 때문이다.

필자들도 탈북가족의 적응과 심리적 통합 연구를 진행하면서 탈북인의 사회적 관계망과 지지가 탈북인들의 적응에 미치는 영향을 살펴보았다. 이 연구(이순형 · 조수철 · 김창대 · 진미정, 2007)는 2000년 이후 입국한 195명의 탈북인들을 대상으로 설문조사한 것이다. 이 연구에서 우리는 사회적 지지가 가족의 레질리언스를 향상시켜 가족의 적응을 돕는다고 보았다. 탈북인들의 사회적 관계망을 구성하는 사람들이 누구인지 알아보기 위해 함께 살지 않는 사람 중 가장 친한 사람을 두 사람만 순서대로 지명하도록 요청하고, 선택의 보기로 아버지, 어머니, 아들, 딸, 형제자매, 기타 친척, 교회 및 종교단체 교우, 하나원 동기, 고향 사람, 하나원 직원, 학교 친구, 이웃, 기타 등을 제시했다. 그 결과 첫 번째 친한 사람으로는 하나원 동기(44명), 부모님(33명), 고향 사람(17명)의 순으로 지명했고, 두 번째 친한 사람으로는 하나원 동기(34명), 고향 사람(33명), 교우(15명)의 순으로 지명했다. 그러나 부모님, 아들, 딸, 형제자매, 가족이라고 쓴 경우를 모두 합치면 첫 번째 친한 사람으로는 총 76명, 두 번째 친한 사람으로는 총 52명이 가족을 지명했다. 즉, 일차적으로 가족을 중심으로 관계망을 형성하고, 가족을 제외하고 본다면 하나원 동기나 고향 사람 등 탈북인들 간의 관계망을 형성한 것으로 나타났다. 탈북인들끼리 하나의 공동체를 형성하고 공동체 내부적으로 서로 정보를 교환하거나 상호 지지 체계를 구축하는 것이다. 가족, 하나원 동기나 고향 친구를 제외하면 이웃, 교우, 학교 친구 등을 가까운 사이로 지명했는데 이들이 같은 탈북인인지 아닌지 여부는 조사를 통해 드러나지 않는다. 예를 들어, 이웃의 경우, 같은 아파트 단지에 사는 탈북인일 수도 있고, 남한 주민일 수도 있다. 교우의 경우에도, 탈북인들이 많이 출석하는 교회가 정해져 있는 편이라 교우가 탈북인인지 아닌지 구분하지 못하는 자료의 한계가 있다. 단지 교회나 학교, 거주지가 탈북인의 사회적 관계망 형성에 중요한 통로가 된다는 것을 알 수 있었다.

이러한 응답 결과에 비추어 볼 때 탈북인들은 가족을 중심으로 일차적인 사회적 관계망을 형성하면서 동시에 하나원 동기나 고향 사람 등 탈북인들끼리 친밀한 상호작용을 하는 것을 알 수 있다. 이러한 결과는 탈북인들이 비교적 제한된 관계망 안에서 생활하고 있다는 것을 암시한다. 이러한 관계망 형성은 일견 자연스러운 현상이지만 한편으로 탈북인이 남한사회에 적응하는 데 활용될 수 있는 사회적 자본이 일차 집단 중심으로만 형성된다는 점이 이들의 향후 적응에 어떤 영향을 미칠 것인지를 깊이 연구해 볼 필요가 있다.

이 연구에서는 사회적 지지를 정서, 도구, 정보, 사교 측면으로 구분하여 조사했다. 네 가지 영역 중 평균값이 가장 높은 것은 정보 제공이었으며, 그 다음으로 정서적 지지, 도구적 지지, 사교적 지지의 순으로 나타났다. 네 가지 영역의 사회적 지지는 서로 높은 상관관계가 있으며 특히 정서적 지지, 도구적 지지, 사교적 지지 간의 상관관계가 높아서, 친밀한 사회적 관계망에서 얻는 지지가 어느 한 가지 내용으로 이루어지는 것이 아니라 다양한 내용으로 이루어짐을 보여 주었다. 전반적으로 사회적 지지는 탈북인의 사회문화적 적응 문제와 부적인 상관관계를 보여 적응을 돕는 요인이 되거나 문제를 해결하는 데 활용되는 자원의 역할을 담당하고 있는 것으로 나타났다. 영역별로 보면 정서적 지지는 사회적 활동 제약, 사회적 소외와 부적인 상관관계가 있으며, 도구적 지지는 사회적 활동 제약과 부적인 관계가 있다. 정보적 지지는 개인적 차별 문제와 정적인 관계가 있었고 사교적 지지는 사회적 활동 제약과 부적인 관계가 있었다. 이러한 상관관계는 양방적 상관관계로 해석이 가능하다. 정서적 지지는 탈북인들이 사회적 활동에 적극적으로 참여하고 문화적 격차를 해소하는 데 중요한 역할을 담당한다고 볼 수 있다. 친밀한 관계에서 얻는 정서적 지지는 사회생활에 대한 두려움을 해소하고 자신감을 갖는 데 도움을 준다. 또한 언어생활이나 문화적 차이에 따른 스트레스를 경감시키는 데도 도움이 되는 것으로 해석될 수 있다.

도구적 지지 역시 사회적 활동 제약과 사회적 소외 문제에 유의하게 관련되었다. 도구적 지지는 필요할 때 돈이나 물품을 빌려 주는 방식으로 이루어진다. 물질적으로 어려울 때 도움을 주는 사람이 있다는 것은 탈북인들이 사회생활을 하는 데 안전망이 있고, 또한 사회에 대한 소속감을 형성하는 데 도움이 된다는 것을 의미한다.

정보적 지지의 내용은 '주위 사람들과 잘 지내는 방법과 정보를 알려 준다.' '중요한 일을 결정할 때 정보를 준다.' 등의 문항으로 구성되었다. 정보적 지지는 개인적 차별이나 편견으로 인한 어려움과 정적인 관계가 있었는데, 이는 차별, 편견 등으로 어려움을 겪을 때 탈북인들이 주위의 조언을 많이 구한다는 것을 의미할 수 있다. 탈북인의 사회관계망이 가족이나 같은 탈북인으로 구성되었다는 점을 떠올릴 때, 차별이나 편견을 공통적으로 경험한 사람들로부터의 조언과 지지는 일차적으로 중요한 자원이 될 것이다.

사회적 관계망으로부터 받는 지지는 탈북인의 구체적인 어려움과도 상관관계가 있었는데, 여기서도 마찬가지로 필요성과 효과라는 양방적 상관관계의 관점에서 해석했다. 정서적 지지는 직장 동료와의 관계, 남한 친구 사귀기, 마음 터놓고 의논할 사람 찾기에 따르는 어려움과 부적인 상관관계가 있어서 정서적 지지와 대인관계가 밀접하게 연관되어 있음을 보여 주었다. 이러한 결과는 가족이나 가장 친한 사람으로부터 정서적 지지가 있을 때 탈북인들이 사회적 관계에 대하여 자신감을 가지고 관계의 어려움을 덜 경험하게 된다는 것을 보여 준다. 또는 직장 동료, 남한 친구, 이웃들과 원만한 관계를 맺는 것이 탈북인에게 정서적 지지의 원천이 될 수 있는 것으로 해석할 수 있다. 이러한 결과는 앞서 정서적 지지가 사회적 활동 제약 및 사회적 소외를 경감하는 효과를 보인 것과 같은 맥락이라고 볼 수 있다.

반면 정서적 지지는 자녀양육과 정적 관계가 있었다. 이러한 결과는 탈북인들이 자녀양육에서 어려움을 많이 경험할수록 정서적 지지를 많이 찾게 되는 것으로 해석될 수 있다. 정서적 지지의 내용을 다시 한 번 살펴보면, 정서적 지지는 아프거나 외로울 때 나를 찾아오고, 나를 중요한 사람이라고 인정해 주고, 골치 아픈 일이 있을 때 의논 상대가 되어 주는 등의 내용으로 측정되었다. 자녀양육에 어려움을 많이 느낄수록 자신의 존재 가치에 대한 자신감을 상실하게 되고 이를 회복하기 위한 정서적 지지가 더 많이 필요한 것이다.

도구적 지지는 직장 동료와의 관계, 남한 친구 사귀기, 의논할 사람 찾기에 따르는 어려움과 부적으로 관련되었는데, 이러한 결과가 정서적 지지와의 높은 상관성에 기인한 것인지 아니면 대인관계에서 문제를 덜 경험할수록 이들로부터 도구적 지지를 더 자주 받는 것인지 불명확하다. 한 가지 명확한 것은 탈북인이 다양한 인간관계에서 받는 지지가 단지 정서적인 것이 아니라 물질적 도움을 포함한다는 것이다.

정보적 지지는 다른 유형의 지지와 달리 현실적 문제와의 정적 상관성이 많이 발견되었다. 직장 구하기, 생활비 벌기, 자녀양육, 자녀교육비 지출에 따르는 어려움과 유의한 정적 상관성이 있는데, 이를 인과적으로 해석하기는 곤란할 것이다. 즉, 정보적 지지를 많이 받을수록 실제 생활 영역에서 어려움을 더 많이 겪는 것이 아니라, 실제 생활 영역에서 어려움을 더 크게 지각할수록 친밀한 사회관계망으로부터 정보와 조언을 구하게 된다는 필요성의 측면에서 해석해야 할 것이다.

마지막으로 사교적 지지는 직장 동료와의 관계, 건강, 남한말 쓰기, 남한 친구 사귀기, 의논할 사람 찾기, 금전관리에 따르는 어려움과 부적 상관이 있었다. 특별한 목적 없이 여가 시간을 함께 보내는 것이 탈북인의 적응에 긍정적 영향을 미친다는 것은 흥미로운 결과다. 여가 시간을 함께 보낼 친구나 가족이 있다는 것과 남한말 쓰기나 건강, 금전관리 등의 문제는 직접적 관련성이 크지 않아 보인다. 그러나 다른 사람들과 함께 시간을 많이 보내면서 친밀한 관계를 형성하고 사회관계망을 구축함으로써 탈북인의 적응이 정서적, 도구적인 측면을 포함하여 다각적인 측면에서 지원될 수 있음을 의미한다.

정서적 지지, 도구적 지지, 정보 제공, 사교적 지지의 네 영역에서의 사회적 지지는 탈북인의 삶에 대한 만족도와 정적 상관성을 보여서 네 영역에서의 사회적 지지가 삶에 대한 만족도에 긍정적 영향을 미치는 중요한 요인임을 알 수 있다. 정서적 지지는 직장생활 및 자기 자신에 대한 만족도와 관련되었고, 도구적 지지는 건강, 직장생활, 친구관계, 삶의 주위 환경에 대한 만족도와 관련되었다. 정보적 지지는 건강, 친구관계, 자기 자신, 삶의 주위 환경에 대한 만족도와 관련되었으며, 사교적 지지는 직장생활, 친구관계, 삶의 주위 환경에 대한 만족도와 관련되었다.

앞에서 열거한 연구 결과들은 주로 설문조사 결과를 바탕으로 사회적 지지가 탈북인의 적응에 어떤 영향을 미치는지 살펴본 것들이다. 사회적 지지는 사회적 자본의 중요한 구성 요인이다. 사회적 지지 연구에서는 일반적으로 지지의 유형을 도구적(물질적) 이익, 정보, 정서적 또는 사회적 이익 등으로 구분해서 본다. 이러한 이익들은 사회적 관계망을 자본화할 때 개인이 얻을 수 있는 구체적 이익이다. 따라서 사회적 지지에 대한 연구들은 탈북인의 사회적 자본에 대해 연구할 때 중요한 시사점을 제공한다. 그러나 여기서 소개한 연구들은 주로 사회적 지지가 탈북인의 적응에 미치는 영향에만 관심을 가졌기 때문에 이러한 사회적 관계망이 형성되는 경로, 사회적 관계망이 자원화되는 방식, 탈북인의 사회적 관계망의 특성과 같은 내용에는 주의를 기울이지 않았다. 필자들은 이러한 연구 주제들이 계량적 자료보다는 질적인 자료의 분석을 통해 훨씬 더 잘 드러날 것이라고 생각하여 이 책의 나머지 부분은 질적 자료를 통하여 이러한 연구 주제들을 살펴보는 데 할애하려고 한다.

제2장

연구 방법

1. 연구 자료
2. 조사 절차
3. 연구 참여자의 일반적 특성

제2장 | 연구 방법

이 책은 탈북인의 사회관계망과 사회적 자본의 특성을 밝히기 위해서 2004년 및 2007년 서울대학교 통일연구소(현 통일평화연구소)의 지원으로 이루어진 통일학 연구 1, 2차 자료의 일부와 탈북인 지원 단체의 간행물, 신문 기사 등을 이차적으로 분석한 자료를 토대로 구성되었다. 2004년 자료는 「탈북가족의 적응과 심리적 통합」 조사 자료 중 일부이고, 2007년 자료는 「탈북가족의 해체와 재구성」 조사 자료의 일부다. 2004년 연구의 원 조사는 설문지를 이용한 양적 방법과 심층면접을 통한 질적 조사 방법을 병행하여 이루어진 것이고, 2007년 연구는 질적 조사 방법으로만 이루어진 것이다. 그 외에 이 책에서는 탈북인과 탈북인 관련 실무자를 대상으로 한 면접조사의 내용을 심층적으로 분석하되 신문 기사, 탈북인 관련 단체 간행물 등 관련 자료들을 보완적으로 활용하는 방식으로 탈북인의 탈북 경험과 사회적 자본을 분석하여 기술했다.

1. 연구 자료

1차조사연구(2004)의 면접조사는 탈북인과 관련자를 대상으로 하여 이루어졌다. 원래 연구의 목적이 가족 단위로 탈북한 사람들의 적응을 살펴보기 위한 것이었기 때문에 가족을 1명 이상 동반하고 탈북하였거나 남한에 입국한 탈북인들을 찾아 조사했다. 탈북인 23가족 61명을 만났으며 그중 54명을 심층면접했다.

또한 탈북인 관련 공공기관이나 민간단체에 근무하면서 탈북인과 빈번하게 상호작용을 해 온 실무자 12명을 면접조사했다.

수년 동안 탈북인을 알고 지낸 탈북인 관련 기관 또는 민간단체에서 근무하는 실무자 12명을 대상으로 임의표집을 했다. 면접에 참여한 실무자는 공공기관에서 탈북인들의 적응 및 교육을 담당하는 실무자 4명, 종교기관에서 운영하는 탈북인 관련 단체에서 일하는 실무자 4명, 탈북청소년을 대상으로 하는 대안학교 교사, 시민단체 근무자와 그룹홈 관리자 각 1명과 탈북인 단체 근무자 1명이었다.

질적 연구에 참여할 탈북인은 실무자를 통해 소개받았다. 실무자들은 금방 연락이 닿을 수 있는 탈북인들을 많이 알고 있었고, 가족과 함께 입국한 탈북인을 소개해 달라는 요청에 대해 적합한 탈북인을 금방 찾아낼 수 있을 정도로 정확한 정보와 긴밀한 연계를 가지고 있었다. 이들은 탈북인들의 상황과 현황을 상세하게 알고 있기 때문에 탈북인과 한국사회를 연결하는 중요한 다리 역할을 하고 있었다.

실무자들을 통해 서울과 경기 지역에 거주하는 탈북인 가족을 지역별로 몇 가족 소개받은 후 그 가족들의 소개로 또 다른 탈북인 가족들을 만났다. 소개받은 가족들을 면접할 때 10세 미만의 아동을 제외한 가족원 전원을 모두 개별적으로 면접하는 것을 원칙으로 했다.

2차조사연구(2007)는 가족 해체를 주제로 한 연구였기 때문에 서울가정법원에 북한에 있는 배우자와의 이혼을 청구한 탈북인들을 중심으로 면접하고, 이들로부터 비슷한 상황에 있는 사람들을 소개받아 면접했다. 총 19명을 면접했는데 이 책에서는 그중 10명의 자료를 사용했다. 참여자 10명 중 1명(40대 초반 남성)을 제외하고는 모두 30대에서 40대 초반의 탈북여성이었다.

두 차례의 연구는 어떤 의미에서 주제가 상반된다. 1차조사연구가 탈북인의 적응에 가족이 미치는 영향을 레질리언스라는 관점에서 살펴본 것이었다면, 2차조사연구는 탈북 과정에서 가족이 어떻게 해체되는지를 살펴본 것이다. 따라서 첫 번째 연구에는 1명이라도 가족과 같이 탈북했거나 입국하여 현재 가족과 같이 살고 있는 탈북인들이 많이 포함된 반면, 두 번째 연구에는 혼자 사는 탈북여성들이 많이 포함되었다. 이러한 차이는 서로 다른 처지에 있는 사람들을 두루 살펴봄으로써 탈북인 집단 내의 다양성을 보여 줄 수 있다는 점에서 연구에 도움이 되었다.

이외에도 중국에 있는 탈북인들을 지원하고 있는 종교단체가 발간한 소식지 〈두리하나〉에 실린 탈북인의 편지들 중 8통을 분석 대상으로 정했다. 편지들은 대부분 탈북인들이 이 단체의 홈페이지에 있는 이메일주소로 보낸 것이다.

2. 조사 절차

1차조사연구 면접조사를 위해 2004년 1월 4일부터 3월 31일까지 3개월간 탈북인 관련 실무자와 탈북가족을 대상으로 반 구조화된 질문지를 토대로 심층면접을 했다. 탈북가족 조사는 서울대학교 아동가족학과의 교수 2명과 대학원생 3명으로 구성된 면접팀이 직접 탈북인 가정을 방문하여 가족원을 개별면접하는 형식으로 이루어졌다. 면접은 주로 가족원들이 집에 있는 주말을 활용하여 이루어졌다. 가족원이 모두 집에 있지 않을 경우, 따로 면접 대상자가 편한 시간과 장소에서 만나 개별면접을 실시했다. 대체로 대상자들이 편안한 상태에서 1시간에서 3시간까지 대면면접을 했다. 탈북인 관련 실무자 조사는 면접팀이 면접 대상자들의 근무처를 방문하여 빈 사무실에서 면접을 했다.

2차조사연구 면접조사는 2007년 1월부터 2월까지 2개월간 진행되었다. 2차조사연구 역시 1차조사연구 면접조사와 마찬가지로 반 구조화된 질문지를 가지고 아동가족학과 교수 1명과 대학원생 4명으로 구성된 면접팀이 직접 탈북인 가정을 방문하여 2시간에서 3시간 정도 개별면접하는 방식으로 이루어졌다.

두 번의 연구 모두 실제 면접은 면접 질문지와 이전의 면접 내용을 바탕으로 면접 대상자의 특성과 면접 상황 및 내용에 따라 융통성 있게 면접을 진행했다. 탈북인 관련 실무자와 탈북인을 대상으로 한 면접 시간은 각각 평균 2시간 30분 정도 소요되었고, 면접 내용을 대상자의 양해를 구하여 녹음했으며, 면접이 진행되는 동안 특징적인 사항들은 면접자에 대한 정확한 이해를 위해 따로 메모해 두었다. 녹음된 면접 내용은 일정한 훈련 후에 면접자와 아동가족학과 학생들이 전사하고 그 내용을 면접자가 재확인한 후에 자료의 분석에 사용하였다.

질적 조사는 반 구조화된 질문지에 기초한 심층면접으로 이루어졌다. 탈북가족을 대상으로 한 면접에 사용된 질문지는 문헌조사 내용과 신문기사 내용에 토대를 두고 일차적으로 구성된 것이다. 각 질문은 먼저 만난 탈북인의 면접 내용을 바탕으로 재구성되어 이후의 면접에 사용되었다. 구체적 질문 내용은 가족 소개, 탈북 과정 및 탈북 경로, 입국 경험, 가족관계, 심리적 적응을 포함한 남한사회 적응 및 정체성에 관한 질문이다.

탈북인 관련 실무자를 대상으로 한 면접은 각 대상자의 특성에 따라 두 종류의 반 구조화된 질문지를 구성했다. 탈북인 일반에 관련된 일을 하는 실무자에 대한 질문지는 업무 소개, 탈북에 대한 이해, 탈북인에 대한 생각, 탈북인과의 관계, 탈북인의 적응, 심리적 통합에 관한 질문으로 구성되었다.

한편, 탈북 아동 · 청소년과 관련된 일을 하는 실무자에 대한 면접 질문지는 업무 소개, 탈북에 대한 이해, 접촉 대상과 경위, 남한 아동 · 청소년들과의 공통점 및 차이점, 탈북 아동 · 청소년들의 제3국 도피 경험, 정착 지원시설 경험, 남한사회 경험, 탈북 아동 · 청소년들의 향후 미래에 관한 질문으로 구성되었다.

3. 연구 참여자의 일반적 특성

1차조사연구 탈북가족 면접 대상은 남성이 26명, 여성이 35명이었다. 가족 구성원들을 모두 면접조사했기 때문에 이들의 연령대는 10대부터 70대까지 다양했다. 탈북한 시기는 대체로 1990년대 후반에서부터 2004년까지 약 10년의 기간에 걸쳐져 있는 반면, 입국한 시기는 거의 모두 2000년 이후였다. 직업은 무직이라고 한 경우가 22명으로 가장 많았으며, 직업이 있는 경우에도 대체로 일용직이나 아르바이트 등 임시직 수준이었다. 2차조사연구 참여자는 총 10명이었으며, 1명을 제외하고는 모두 여성이었고, 이들의 연령도 30대에서 40대 초반에 집중되어 있었다. 이들은 모두 1990년대 후반 이후에 탈북했으며, 남한에 입국한 것은 2004년 이후로 입국한 지 4년 미만의 입국자들이었다. 10명 중 4명은 일용직 또는 사무직의 직업을 가지고 있었고 나머지 6명은 무직 상태였다.

연구 대상들의 출신 지역은 특정 지역에 편중되어 있으며, 함경북도 출신이 가장 많았다. 함경북도는 지리적으로 국경이 가깝기 때문에 상대적으로 국경을 넘는 것이 용이하고, 중국의 소식을 자주 접할 수 있으며, 북한 내에서도 상대적으로 열악한 환경이라는 점이 복합적으로 작용하여 탈북이 가장 많이 이루어지는 지역이 되었다. 탈북인들의 출신 지역은 탈북인들의 사회적 자본 형성에 중요한 요인 중 하나다.

표 2-1 1차조사연구(2004) 참여자의 일반적 특성

사례	성별	출생 연도	가 족	탈북 연도	입국 연도	출신 지역	직 업
A-1	여	1931	독신	2002	2002	함경북도	무직
B-1	여/ 남	1970/ ·	부인/ 남편	1997	2001	함경북도	보험설계사/ 무직
C-1	여	1959	어머니	2003	2004	양강도	무직
C-2	남	1981	장남	2003	2004	함경북도	무직
C-3	여	1983	장녀	1998	2003	양강도	학생
D-1	남	1971	남편	1998	2001	함경북도	무직
D-2	여	1973	부인	1998	2001	함경북도	일용직
E-1	남	1961	남편	2004	2004	함경북도	무직
E-2	여	1970	부인	2004	2004	함경북도	일용직
F-1	여	1965	어머니	1999	2001	함경북도	대학생
F-2	여/ 여	1992/ 1995	장녀/ 차녀	1999.09 2001.07	2001.02/ 2001	함경북도	중학생/ 초등학생
G-1	남	1956	아버지	1999	2001	함경북도	버스운전기사
G-2	여	1958	어머니	1999	2001	함경북도	청소
G-3	남	1985	아들	1999	2001	함경북도	대학생
G-4	여	1987	딸	1999	2001	함경북도	학생
H-1	여	1953	어머니	1997	2000	황해남도	강연
H-2	남	1979	장남	1997	2000	황해남도	회사원
H-3	남	1981	차남	1998	2000	황해남도	대학생
H-4	남	1984	삼남	1998	1999	황해남도	대학생
I-1	남	1965	아버지	1998	2002	함경북도	사무직
I-2	여	1967	어머니	1998	2002	함경북도	주부
I-3	남	1994	아들	1998	2002	함경북도	초등학생
J-1	여	1967	어머니	1999	2001	함경북도	무직
J-2	여/ 여	1991/ 1993	장녀/ 차녀	2003	2003	함경북도	초등학생
K-1	여	1970	어머니	2001	2002	·	무직
K-2	여/ 여	·	장녀/ 차녀	2001	2002	·	초등학생
L-1	남	1961	아버지	1997	2000	평양	작가
L-2	남	1988	아들	1998	2001	함경남도	고등학생
L-3	여	1990	딸	1998	2001	함경남도	초등학생

사례	성별	출생 연도	가 족	탈북 연도	입국 연도	출신 지역	직 업
M-1	남/ 여	1945/ 1947	아버지/ 어머니	1999/ 1999	2000/ 2000	함경북도 함경북도	무직/ 무직
M-2	여	1974	장녀	1999	2000	함경북도	대학생
M-3	남	1977	장남	1999	2000	함경북도	대학생
M-4	여	1978	차녀	1999	2000	함경북도	대학생
N-1	여	1953	어머니	2001	2001	함경북도	무직
N-2	여	1980	딸	2003	2003	함경북도	무직
N-3	남	1983	아들	2001	2001	함경북도	아르바이트
O-1	남	1980	남편	1997	2000	함경북도	편의점 운영
O-2	여	1984	부인	1998	2002	함경북도	주부
P-1	남	1942	남편	2004	2004	함경북도	아파트 경비원
P-2	여	1944	부인	2004	2004	함경북도	무직
Q-1	남	1965	아버지	2003	2004	함경북도	무직
Q-2	여	1973	어머니	2003	2004	함경북도	주부
Q-3	남	1993	아들	2003	2004	함경북도	초등학생
R-1	남/ 여	1973/ ·	아버지/ 어머니	2004/ 2004	2004/ 2004	함경북도 함경북도	무직/ 무직
R-2	남	1974	아들	1997	2004	함경북도	무직
S-1	여	1949	어머니	1999	2004	함경북도	무직
S-2	여	1976	딸	1998	2002	함경북도	무직
T-1	여	1971	본인	1997	2003	함경북도	주부
U-1	남	1953	아버지	1996	2001	강원도	탈북단체 운영
U-2	남	1982	아들	1996	2001	강원도	학생
V-1	여	1959	어머니	1998	·	함경북도	무직
V-2	남	1960	남한 남편	–	–	–	무직
V-3	여/ 남	1985/ 1988	딸/ 아들	1998/ 2000	2003/ 2005	함경북도	학생/ 학생
W-1	여	1970	본인	2004	2004	평안북도	무직

주: 사례 번호의 알파벳은 가족 단위를, 숫자는 그 가족의 구성원을 가리킨다. 한 칸에 2명이 있는 것은 동시에 면접조사가 이루어진 경우다. '·'은 무응답을, '–'는 해당 사항이 없음을 의미한다.

이상의 자료 외에 앞에서 언급한 대로 중국의 탈북인들을 지원하는 종교단체가 발간한 소식지에 2005년부터 2008년까지 실린 탈북인의 편지 8통을 분석 대상으로 정했다. 편지들은 대부분 탈북인들이 이 단체의 홈페이지에 있는 이메일주소로 보낸 것이다. 다음의 표를 통해 알 수 있듯이 이들은 모두 중국에서 생활하고 있는 20대 여성들로, 남한 입국에 필요한 도움을 요청하기 위해 편지를 보냈다.

표 2-2 2차조사연구(2007) 참여자의 일반적 특성

사례	성별	출생 연도	가족관계	탈북 연도	입국 연도	출신 지역	직 업
II-1	여	1967	독신	1999	2007	황해북도	공단근로자
II-2	여	1979	독신	2002	2007	강원도	무직
II-3	여	1970	독신	2004	2006	평양	식당업
II-4	여	1974	독신	1998	2006	함경북도	무직
II-5	여	1972	딸	2005	2006	함경북도	경리
II-6	여	1975	딸	2005	2006	함경북도	무직
II-7	여	1975	남편·아들	2005	2005	함경북도	무직
II-8	여	1979	남편·아들	2004	2004	함경북도	무직
II-9	여	1974	딸	2000	2005	함경북도	무직
II-10	남	1968	독신	2006	2007	-	용접공

표 2-3 탈북인 관련 실무자의 일반적 특성

사 례	성 별	소 속	업 무	탈북인 관련 업무 경력	기 타
가	남	공공기관	관리	약 2년	
나	여	공공기관	관리	약 5년	
다	남	공공기관	교육	약 5년	
라	여	공공기관	상담	약 3년	
마	남	종교단체	생활 지원	약 4년	
바	여	그룹홈	생활 지원	약 10년	
사	남	탈북인 단체	탈북인 지원	약 8년	탈북인
아-1/아-2	여/여	종교단체	생활 지원	-	
자	여	시민단체	탈북인 지원	약 10년	
차	여	대안학교	탈북청소년 지원	10년	
아	남	탈북인 지원 단체	탈북인 지원	9년	

표 2-4 탈북인의 편지 자료

사례	성별	연령	당시 상태	출판 연도. 월	내 용	출 처
편지 1	여	20대	중국 체류	2005. 9 · 10	도움 요청	〈두리하나〉 27호
편지 2	여	20대	중국 체류	2005. 11 · 12	도움 요청	〈두리하나〉 28호
편지 3	여	20대	중국 체류	2006. 5 · 6	도움 요청	〈두리하나〉 31호
편지 4	여	20대	중국 체류	2006. 11 · 12	도움 요청	〈두리하나〉 33호
편지 5	여	20대	중국 체류	2007. 1 · 2	도움 요청	〈두리하나〉 34호
편지 6	여	20대	중국 체류	2007. 9 · 10	도움 요청	〈두리하나〉 36호
편지 7	여	20대	중국 체류	2008. 1 · 2	도움 요청	〈두리하나〉 37호
편지 8	여	20대	중국 체류	2008. 1 · 2	도움 요청	〈두리하나〉 37호

제3장

탈북 경험과 사회적 자본

제3장 | 탈북 경험과 사회적 자본

제3장 탈북 경험과 사회적 자본

1. 탈북 과정과 사회적 자본

탈북인들의 사회관계망과 사회적 자본의 형성과 특징을 알아보기 위해 먼저 이 장에서는 탈북인들이 어떻게 탈북을 결정하며 그 과정에서 어떤 자원을 이용하는지, 탈북 후 중국에서는 어떻게 생활했으며 그 과정에서 어떤 문제와 어려움을 겪었는지 등을 탈북인들의 경험을 통해 살펴보기로 한다. 앞에서도 언급했듯이 탈북인들의 경험은 이들이 어느 시기에 탈북했는지에 따라 차이가 있다. 식량 부족이 매우 심각했던 1990년대 중 · 후반에 탈북한 사람들과 그 이후 탈북한 사람들의 배경과 탈북 과정은 상이하다. 1990년대 중 · 후반 탈북인들이 절박한 생존 문제 때문에 탈북했다면 2000년대 탈북인들은 좀 더 나은 삶을 위해 여러 관계망과 사회적 자본을 활용하여 탈북했다. 필자들이 만난 탈북인들과 탈북인 지원 단체의 실무자들, 탈북인 지원 단체의 간행물, 언론[1]에 나타난 탈북인 사례 등을 통하여 탈북의 원인과 배경 및 탈북 양상과 사회적 자본의 관련성을 상세히 살펴보았다.

1) 탈북의 원인과 배경

탈북의 원인이 무엇인가? 북한의 식량난 이전에 탈북하여 남한에 왔던 사람들은 북한의 정치 체제에 대한 반발 같은 정치적 이유를 가진 경우가 많았다. 그러나 식량난 이후 탈북의 원인은 정치적인 이유가 아니라 경제적·사회적 원인인 경우가 많다. 이들의 탈북 배경에는 굶주림, 질병, 가족불화, 범죄 등이 있다. 경제적 재화의 결핍, 그로 인한 질병과 가족의 불화, 빈곤 문제로 인한 범죄 등이 모두 순환적으로 연결되어 북한 주민들을 제3국으로 밀어내고 있다.

(1) 식량난과 질병

탈북의 원인 중 가장 절박한 것은 굶주림이다. 북한에서는 1995년 배급이 끊긴 이래 많은 사람들이 식량위기를 맞았다. 공산주의 사회에서 국가의 배급에 의지해 살아가던 주민들은 배급이 끊기자 삶을 영위할 방법을 찾지 못했다. 1998년에 굶주림으로 가장 많은 사람들이 죽었다고 하는데, 한 탈북인은 죽은 사람들을 한국전쟁 때보다 더 많이 보았다고 하면서 당시 골목길에 시체가 즐비했다고 기억했다.

1) 2008년 3월 〈조선일보〉가 연재한 탈북인에 대한 기획 기사 중 이 연구와 관련되는 부분과 사례를 소개했다.

"북한이 93년돈가, 94년부터 배급 안 주기 시작하면서 되게 많이 곤란했었잖아요. 93, 4년 그때 죽은 사람이 6.25 전쟁 때 죽은 사람들보다 많다고 할 정도로 되게 곤란했었거든요." (Ⅱ-6)

굶주림은 하층 노동자들에게만 해당되는 것이 아니라 출신 성분이 매우 높은 경우를 제외한 북한 주민 대부분이 겪는 문제였다. 대학교원과 같은 지식인들과 그들의 가족들도 예외가 아니었다. 세끼 식사를 하지 못하는 날들이 늘어 가고 하루 한 끼로 연명해야 하는 경우가 증가했다. 생존을 위해서 모든 사람들이 식량을 찾아 나섰다. 식량을 찾을 방법은 없고, 남의 것을 훔쳐 먹는 것만으로는 한 해를 버틸 수 없었다. 굶주림을 면할 다른 방도가 없다고 생각한 이들은 강 건너 중국 땅에 식량이 풍부하다는 소문만 듣고 국경을 넘었다.

"부모님은 모두 대학교원이었고 저는 집의 장녀로 태어나서 고등전문학교를 다니다가 생활난으로 탈북하게 되었습니다. 북한에 있을 때 아버지와 같이 처음으로 식량 얻으러 갔었는데 주워 온 감자로는 겨울을 날 수가 없어서 집으로 돌아가서 집식구들과 다 함께 감자 주워 먹으러 다시 떠났습니다. 강 건너에 밤에도 불이 환한 중국이 보였고 사람들로부터 중국에는 먹을 것이 풍부하고 살기 좋다고 들었습니다. 그때 우리에게 제일 시급한 문제가 식량문제였기 때문에 그저 배는 굶지 않겠다는 그 한 가지 생각으로 1998년에 가족과 함께 탈북하여 중국으로 건너오게 되었습니다."

(편지 4, 〈두리하나〉 33호, p. 22)

"조선에 있을 때는 아침에 깨면 아침 밥거리가 없어서 아침 밥거리 죽을 겨우 끓여 먹으면 점심거리가 없고…… 그저 이틀에 한 번씩 먹을 때가 있고 3일에 한 번 먹을 때가 있고…… 애들은 구들에 누워서 먹인 게 없어서 일어나 앉을 기운도 없지…… 이러다가 애들 아부지가 1998년도 중국에 처음 왔습니다. 제가 후에 99년도에 딸 둘 데리고 두만강 건넜었습니다."

(〈조선일보〉, 2008. 3. 7)

굶주림은 면역력을 약화시켜 질병을 유발했다. 굶주리던 북한 주민들은 심장병과 같은 개인의 질병은 말할 것도 없고 장티푸스나 파라티푸스와 같은 전염병으로 사경을 헤맸다. 질병으로 죽음의 위기를 넘긴 북한 주민들은 죽음의 문제를 훨씬 더 직접적으로 체험하고 북한을 떠나야 살 수 있다는 신념을 가지게 되었다. 경제적 빈곤과 궁핍이 북한 주민을 밀어내는 요인으로 작용하지만 탈북은 자신의 질병과 같은 좀 더 급박하고 두려움을 주는 요인으로 인해 이루어졌다.

"(다른 지역을 한번 보려고 기차를 타고 가다가) 그렇게 (열병에) 전염되고 보니까 그때는 악밖에 안 남아. …… 그때는, 다 죽게 되니까 나부터 살아야겠더라구. 아이고 뭐고 생각 없어요. 그래서 두만강 건넜지. 그렇지 않으면 나 못 건넜을 거 같애요, 못 건넜을 거 같애. 그래서 거기 와 가지고 보니까 중국 가니까 뭐 걸어다니는 송장 맞다지." (H-1)

"저는 함경북도 어느 가정에서 태어났습니다. …… 엄마가 심장병이라고 했는데 병원에서도 이제는 엄마가 가망이 없다고 하였습니다. 엄마가 아프다 보니 우리는 얼마 안 되는 재산을 다 팔았고 한 끼 한 끼 먹는 것조차 힘들어 갔습니다. 그러던 어느 날 어머니가 돌아가셨고 갑자기 내가 장티라는 병으로 앓게 되었습니다. 우리 동네에 그 병에 걸려 죽은 사람이 너무 많아 산에 묻을 자리가 없을 만큼 큰 병이었습니다. 나중에 아버지까지 그 병에 걸리니 우리는 더 힘들었습니다. 그때 3일을 굶어 보았습니다. 3일 굶으니 앞이 보이지 않고 변소 가기도 힘들어 넘어지기도 했습니다."

(편지 5, 〈두리하나〉 34호, p. 18)

(2) 가정불화

청소년들 중에서는 굶주림과 질병으로 어머니가 사망한 후 자녀들이 새어머니와의 불화 때문에 탈북하는 경우가 빈번했다. 어머니가 사망한 후 오랫동안 자녀를 홀로 키우던 아버지가 새로 부인을 얻어 가정의 불화가 깊어지는 경우가 많았다. 새어머니가 데리고 들어온 자녀를 남편의 자녀보다 더 소중히 여겨 차별한 결과 전처의 딸이 차별을 참지 못해 가출하여 탈북한 경우도 있었다.

남매를 두고 어머니가 죽자 아버지가 8년 동안 남매를 키우다가 재혼했다. 새어머니는 전남편과의 사이에 3명의 자녀가 있었다. 새어머니가 자기 자식만 편애한다고 느끼고 아버지가 전과 달리 새어머니의 자식들을 옹호한다고 생각한 딸이 가출을 감행했다. 가정불화를 참기 어려워 가출한 딸은 갈 데가 없었으므로 무작정 강을 건너 국경을 넘었다.

"그렇게 아버지는 힘들게 우리를 8년 키웠습니다. 옆집 엄마의 소개로 새엄마가 들어왔고 새엄마는 자식이 3명이었습니다. 그런데 새엄마는 내 동생이 신발이 없는데도 새엄마 자식 신발만 샀습니다. 그리고 아버지가 힘들게 번 돈을 쉽게 썼습니다. 어느 날 내 동생과 새엄마의 둘째 딸이 싸웠는데 아버지는 내 동생을 때렸습니다. 나는 화가 났습니다. 내 동생한테 손 한 번 안 대고, 욕도 잘 안 하시던 아버지가 동생을 때렸습니다. 울고 있는 동생을 보고는 더 참을 수가 없어서 나는 집을 뛰쳐나갔습니다."

(편지 5, 〈두리하나〉 34호, p. 18)

어머니의 사망 후 부친이 집을 팔 정도로 생활이 어려워져 자녀들이 길거리를 떠돌고, 새어머니를 맞았는데 갈등과 불화가 심해서 가출했다는 사례도 마찬가지로 가정불화로 인한 탈북 사례다.

"어머님은 돌아가시고 동생하고 둘이 의지해서 살다가 아버지가 집을 판 후로 조금 떠돌아 다녔어요. 아시죠? ○○제철소. 거기서 석탄 도적질해서 팔아먹고 살았어요. 후에 아버지가 집을 팔고 딴 엄마하구 살면서 난 자꾸 새엄마하고 싸우고. 그래서 아버지 입장도 딱해지시구."

(편지 2, 〈두리하나〉 28호, p. 17)

(3) 범죄 및 탈북 연루

경제적 요인 외에 북한사회에서 죄를 짓고 체포와 처벌의 위험 때문에 탈북하는 경우도 있다. 대다수의 경우 굶주림 때문에 탈북한 것과는 달리 북한 주민으로 살아가기 어려운 여건이 되어서 어쩔 수 없이 탈북하는 경우다. 탈북인들은 자신이 저지른 범죄 때문에 탈북했다고 언급하지는 않았지만 주위에 그런 경우가 있다고 증언했다. 사례 C-2는 군 복무 후 군관학교에 입학하여 당원으로 성공하기를 바랐던 아들이 군관학교 입학에 실패하고 나서 방목하던 양을 잡아먹은 사건이 발생하면서 아들이 군대 탈영을 감행했다. 아들은 자신의 신변 보호를 위한 목적과 아버지의 종용으로 인해 탈북을 결심했다.

가족 중에 정치범으로 몰린 사람이 있어 보위부의 감시를 받게 되었고, 그러한 위협이 가중되어 탈북을 결심하는 경우도 있었다. 한 탈북인은 형이 탈북했다는 소식을 듣고 군대를 탈영해 탈북했다. 탈북한 형을 둔 자신에게 더 이상 군에서 출세할 기회가 없다고 판단했기 때문이다. 가족 구성원 중에 누군가가 탈북했다는 사실은 출신 성분에 부정적 영향을 미치고, 성분과 토대가 중요한 북한사회에서 사회적 차별과 불이익을 받는 요인이 되기 때문에 어쩔 수 없이 탈북하게 된다.

> "(친척 중 하나가) 중국에서 남한으로 전화하다 전화 도청됐어요. 보위부 사람들한테 그래서 중국 공안에다가 수사를 의뢰했는데, 이북에 나가서 6개월 만에 예심 중에 사망했어요. 매 맞아 죽었지. 거기는 체제가 그렇다 보니까. 우리는 이북 같은 체제에서는 죄인이라 하거든요. 우리를 뭐 반동으로 보죠. 일단은 가족도 막 실어 가는 거야. 그런데 그때 당시에…… 오직 가족을 찾아 전화했던 거뿐인데…… 이남 사람하고 전화했다는 걸로…… 그담에…… 고향은 이남이지만 이남에는 자기 친척이 하나도 없다라고 했는데, …… 결국 마지막에 그 친척이 살아 있다는 게 탄로 나니까, 자기 경력을 속인 죄로 우리도 죄인이 되니까. …… 거기서 제가 더 뭐 어뗗게 내가 아무리 발버둥쳐도, 뭐 내가 아무리 영리하고 뭐 똑똑하고 뭐 아무래도, 내 뭐 아무라 하겠다 해도 안 되는 기야. 아니다, 아니다. 죽어도 가다 죽고, 살아서 죽은 목숨 해서 뭘 하냐. 그래서 결국 결심하고 움직이기로 했어요." (Q-1)

2) 탈북 과정

(1) 도강(渡江)

북한 주민들은 주변 사람들이 없어지면 도강했다고 말한다. 도강은 압록강과 두만강을 건너서 만주로 가는 것을 의미한다. 한반도를 중국과 분리하는 이 강줄기는 길지만 강의 너비는 일정하지 않다. 수량이 많지 않을 때에 강폭이 좁아지는 곳은 어린아이도 혼자서 넘어갈 수 있을 정도다. 도강하여 국경을 넘는 것은 원칙적으로 금지되어 있지만 실제로 식량위기를 겪으면서 식량을 찾아 국경을 넘나드는 일이 늘어났다. 국경경비대가 도강하는 사람을 적발하면 엄벌에 처해야 하지만 아이들이 도강하다 적발되면 쉽게 무마되곤 한다. 다른 이유가 아니라 식량을 찾기 위해서이기 때문이다. 국경경비대는 어린아이들을 야단치지만 배가 고파서 국경을 넘는 것을 무조건 감금하거나 벌을 줄 수 없기 때문에 아이들은 오히려 더 쉽게 국경을 넘나든다.

그러나 성인이 국경을 넘다가 적발되면 중벌을 받고, 그 벌을 피하기 위한 여러 가지 일이 일어난다. '세계에서 가장 자본주의적인 곳이 바로 중-조 국경'이라고 한다. 가난한 나라의 국경에서는 돈을 위해서 모든 것을 판다. 여자와 마약(〈조선일보〉, 2008. 3. 21)이 매매되고 있다. 도강하여 국경을 넘는 사람으로 젊은 여성이 많은 것은 이러한 국경 지대의 특성 때문이다. 남성은 적발되면 쉽게 풀려나지 못하고 대개는 감옥행이다. 직장에 매여 있는 남성은 쉽게 적발되고 적발되면 엄벌을 받기 때문인지, 상대적으로 남성 도강자는 많지 않은 편이다.

이러한 처벌의 위험을 무릅쓰고도 국경을 넘는 것은 그만큼 탈북 동기가 강하기 때문이다. 때로 빚 독촉을 견디지 못해 빚을 갚기 위해서나, 배고픔을 견디지 못해 스스로 자신을 팔기도 한다. 이처럼 탈북여성이 인신매매단에 수동적으로 끌려가는 것은 생존을 위한 소극적 거래라고 해석해야 할 것이다. 도강을 했다고 모두 안전하게 국경을 넘는 것은 아니다. 때로 강을 넘다가 물에 휩쓸려 익사하거나 동사하기도 한다. 때때로 국경에서 발견되는 시신은 물밑 자갈을 굴릴 정도로 센 물살을 감당하지 못한 여성이나 아이들이 물에 휩쓸려 내려가다가 헤어 나오지 못해서 생긴 것이다. 여성들도 도강이 반복되면 수용소에 수감된다. 한 탈북여성의 도강 사례를 소개한다.

> "우리 잡히던 날, 산에 숨어 있다가 이틀 동안 걸었답니다. 밤낮 자지 않고 신발을 손에 쥐고 맨발로요. 3월 달입니다. 아직 추위가 있을 때 아닙니까. 발이 얼어서 새까맣게 발이 다 얼고 피가 터지고, 이래서 왕청(汪淸)에 도착해서 식당에 찾아 들어갔답니다. 우리 딸아이가 이렇게 다 몸이 얼어 가지고 머리가 다 헤쳐져서 머리를 맬 수 없었답니다. 머리를 다 풀어 헤쳐 가지고 식당에 턱 나타나니까 사람들이 귀신이 나타났다 그러고 와~ 소리 지르고 달아나더라는 겁니다. 그러다가 들어와서 앉으라니까 몸이 얼어서 앉지를 못했답니다. 입도 얼어서 입이 벌어지지 않았답니다. 그러니까 두 사람이 와서 아이를 어깨를 붙잡아 가지고 이 다리를 꺾어 가지고 앉혔다는 겁니다. 중국인 부모한테 버림받았다고 속이고 일하면서 살았답니다." (〈조선일보〉, 2008. 3. 7)

(2) 탈북 경로

탈북인 혼자서 중국을 탈출해 한국에 들어오거나 제3국으로 가는 것은 현실적으로 불가능하다. 브로커의 도움을 받지 않을 수 없다. 이들의 도움을 받아 중국을 탈출하는 데는 여러 가지 경로가 있다. 중국 탈출로는 중국의 국경 지대에서 태국, 라오스, 몽골의 국경을 넘는 길 등이 이용된다. 중국을 벗어날 때에는 브로커가 길을 안내하고 숙소를 찾아 은신시키며 국경을 넘게 돕는다. 우선 자동차, 기차 등 육로 교통수단을 이용해 국경 지대까지 간다. 중국을 벗어나도록 국경을 넘게 해 주겠다고 한 브로커들은 탈북인들을 자동차에 태워서 몽골, 태국 등의 국경 지대까지 간다. 그러고 나서는 국경 지대인 험한 산길을 하루에 십수 시간씩 걷게 한다. 〈조선일보〉에서 동행취재했을 때에는 중국과 라오스의 국경 지대인 운남성에서 하루에 16시간 동안 산길을 걸었다고 한다. 동행했던 기자들은 걷는 것을 포기하고 싶을 정도로 힘든 여정이었다고 회고했다. 낯설고 험한 산길을 걷는 것도 힘들지만 그 과정의 심리적 불안감은 상상을 초월한다.

> "국경 거긴 걸어가야 돼. 걷는 그 자체는 힘들지 않아요. 걷는데, 거기서 심리적으로 지치는 거죠. 이기서 내가 잘못 디디면, 다시 나가서, 잡혀 나가 가지고 잘못될 수도 있고. 잘되면 내가 좋은 게고. 심리적으로 힘들지, 걷는 게. 정작 국경 넘을 때는, 사람이 아무 생각도 없어요. 오직 걸어가야 한다 이 생각. 내가 심리적으로 힘든 것도 없고, 그냥 내가 잡히면 어쩔까 하는 생각도 없고, 그저 앞으로 그 길 하나로 걸어가야겠다 이 생각밖에 없거든요. 다 걸어와서, 아 내가 과연 이 길 걸어왔구나 하는 생각이 들고…… 힘든 길 왔구나 생각이 들고 그렇지, 걸을 당시엔 아무 생각도

안 나요." (Ⅱ-6)

그 힘든 와중에서 낯선 탈북 동행자들이 서로 힘이 되고 지지가 된다. 브로커는 이익을 취하기 위해 위험 속에 뛰어든 사람이기 때문에 자신의 안전이 위험한 상황에서는 무책임하기 일쑤다.

"그 사람들도 올 때 보니까 잡히면 뭐 뭘 판이더라고. 각자 자기의 운수에 맡겨야지. 그 사람들도 다 맨 끝에 앉아 있는데, 누구 가는가 하면 서로 그냥 입 다 다물고 가만히 있으래요. 그 사람을 짚으면 자기도 잡히고 다 잡혀 갈 판이니까. (그래도 우리와 달라요.) 그 사람은 중국말을 알잖아요."

(Ⅱ-7)

내몽골에 들어서서 집에 도착해서는 작은 방에 여러 명을 넣었다. 숨어서 여러 명이 이동하는 것이니 불편을 참아야 했다. 그 이후에는 브로커들이 내몽골 사람들과 연계해서 이동을 돕는다. 변방 사람들이 차를 가져와서 여자 9명을 태워서 9시간 동안 달렸다. 그들이 밤 11시에 차에서 내려 주면서 앞으로 가도록 했다고 했다. 밤 11시부터 다음날 오후 2시까지 밤새 걸어서 겨우 국경경비대를 만났다고 했다.

"국경 통과할 때 보니까. 그때 좀 아슬하기는 아슬하대요. 아, 이거 잡힐까 봐. 추우니까 내다도 안 보고. 중국 넘어 가지고 내몽골 들어서고 있다고 그러더라고. 조금 안도는 되는데, 내몽골 집에서 요만한 방 안에다 넣어 놓고, 몇 명이야, 7명. 7명을 그렇게 넣어 놓고 있는데 어휴, 그때 제일 떨리더라고." (Ⅱ-7)

"내몽골에 도착하니까는, 음…… 거기서 변방 사람들…… 그러니까 중국 변방 지키는 사람들이죠. 그 몽골 국경 지역을…… 지키는 사람들이 차를 갖고 왔더라구요. 이 사람들이 그 사람들하고 결국에는 연락을 가지면서리 사람 넘겨 주고 얼마 만한 돈을 받는 거예요. 그래 가지고 차 한 대 갖고 와서 제 딸래미까지 9명 왔어요. 여자만." (Ⅱ-6)

내몽골에서 몽골 국경까지 가는 길은 기차, 자동차를 이용해도 3일 거리로 험난하다. 국경 지대에 가서 국경을 넘어야 하는 결정적 순간에는 이들만이 가도록 한다. 브로커들은 어처구니없게도 저 별을 보고 뛰라는 말을 하고는 국경 지역에 탈북인들을 내려 놓는다. 이들 손에 나침반을 주는 것도 아니고 그 별을 보고 무조건 국경을 가로지르는 철조망을 넘으라고 했다고 한다.

"몽골에서 몽골, 거기다가 모래사막 같은 데다가 턱 뿌려 놓고, 저 하늘의 별을 보면서 걸으랴. 별을 하나 지정해 주고 이제부터 저거를 보고 직선으로, 강이든 벼랑이든 직진하라고. 철조망을 7개인가 5개인가, 7개 되는 것 같아요. 넘었는데 그 철조망 사이사이가 막 요렇게 요렇게 가까이 있는 게 아니고 하나 넘으면 막 몇 분씩 걸려요. 한 3, 40분씩 걸리더라고 긴 거는. 그렇게 걸어 가지고 가면은 또 철조망 하나 생기고, 그렇게 넘어서 국경을 넘었는데, 그 철조망을 어떤 사람들은 저 별 보고 가라 그래 가지고 그 별만 헷갈리면 대비 이렇게 오더라고. 길이 이렇게 직선 길이 아니라 산이 막 굴곡 있잖아요. 몽골 가면 또 사막지대라, 마을이 없어요, 거기는. 그러니까 마을이 나타날 (때까지) 걸었다니까 거의 한 일주일씩 걸었다니까, 겨울에 걷다 놔니까, 발에 동상이 와 가지고 와서 발 다

자른 사람도 있어요. 발이 얼어 가지고." (Ⅱ-7)

몽골의 국경 지대를 넘는 거리는 탈북인마다 달리 말했다. 어떤 이는 5리(약 2km), 어떤 이는 10리(약 4km) 정도라고 말했다. 거리로는 얼마 되지 않지만 어두운 밤에 낯선 곳에서 체포의 위험을 느껴야만 했다. 이전에 야간 특별 훈련을 받은 적이 없던 탈북인들이 평소에 생존 지식이나 방향 감각을 가지고 있던 사람들이 아니다. 철조망을 여러 개 넘기는 넘었는데 방향을 제대로 알지 못해 그 자리에서 맴돌다 보니 다시 중국에 와 있더라고도 했다. 중국 국경을 넘지 못하고 맴돌던 이들이 체포되어 북송되었음은 말할 것도 없다.

"그런데 들어섰다가 어떤 사람들은 별을 헷갈려 가지고 이렇게 들어갔다가 돌아 나오고 3개 넘고 그 3개를 다시 넘어서 '6개 넘었다, 몽골에 왔다!', 이러는데 와 보면 잡힌 거지. 지금 얘네 언니도 그렇게 됐단 말이지. 얘네 언니가 오다가 둘째 언니가 그렇게 돼 가지고 지금 나갔는데, 몽골은 그래서 그렇지 몽골로 오는 사람들은 시간은 빨라요. 그런데 제일 위험하고요." (Ⅱ-7)

3) 탈북 과정에서의 문제와 어려움

(1) 인신매매의 위험

굶주림을 참지 못해 탈북한 여성들은 국경을 넘은 후 중국에서 혼자 살아갈 방법을 알지 못한다. 이런 여성들은 국경 인근 지역을 혼자 헤매다가 인신매매를 당하기 일쑤다. 면접자 중에 자신의 몸값이

5,000위안(68만 원)이었다고 기억하거나 7,000위안(93만 5,000원)이었다고 기억하는 사람도 있었다. 인신매매는 결혼하지 못한 중국 남성에게 팔려 가는 것이 대부분이다. 때로 자신이 인신매매를 당했는지 모르고 가는 경우가 있다. 어머니가 죽고 아버지가 새어머니를 얻었는데 새어머니와 갈등이 심했다. 부인과 전처의 딸이 싸우자 아버지가 난처해하는 모습을 보던 딸이 혼자 도강한 후 스스로 찾아 들어간 집에서 인신매매를 당하여 길림성으로 팔려 간 사례, 집을 나간 동생의 이름과 사진을 가지고 와서 언니를 탈북시킨 사람들이 그 언니를 중국의 한족에게 판 사례도 있었다.

"드디어 어느 작은 마을에 도착했습니다. 그 사람들은 거기서 어떤 가죽옷을 입은 남자들에게 나를 넘기고 가 버렸습니다. 그날 저녁 까만 승용차를 타고 이틀을 갔습니다. 차를 처음 타니 어지러워서 막 토하기만 했습니다. 나중에 어떤 농촌에 도착했습니다. 그 사람들은 어떤 한족 집에 날 기다리라고 하면서 동생을 데리고 오겠다고 했습니다. 나는 그 말을 믿고 기다렸습니다. 그런데 이틀, 3일을 기다려도 동생은 오지 않았습니다. 먹는 것도 맞지 않고 말도 안 통해 죽을 지경이었습니다. 그런데 어떤 남자가 들어왔습니다. 그 사람은 한족 남자였는데 나를 막 끌안자고 하였습니다. 나는 소리쳤습니다. 그러나 누구도 도와주지 않았습니다. 나는 물고 긁어 놓구 해서 겨우 밀어냈습니다. 그러자 그 사람은 성을 내며 전화를 했습니다. 나는 나를 경찰에게 신고하는 줄 알았습니다. 잠시 후에 어느 조선족 할머니가 들어왔습니다. 나는 할머니에게 내가 왜 이 집에 있냐고 내 동생은 왜 안 오냐고 물었습니다. 할머니는 내가 이 집에 시집왔다 말했습니다. 꼴 보기 싫은 그 한족 남자가 들어왔습니다. 할머니는 나에게 이 사람이 네 신랑이라고 말했습니다. 나는 말이 안 나왔습니다. 말 한마디 안 통하고 처음 보는 사람하고 시집이라니 말도 안 된다고 생각했습니다."

(편지 5, 〈두리하나〉 34호, p. 19)

"날 데리고 (압록강을) 건너선 남자가 남편에게 데려다 준댔는데, 장춘(長春)에 날 팔아먹었단 말입니다. 그래서 내가 딸 둘 데리고 농촌에 중국돈 7,000위안(93만 5,000원)에 팔려 갔는데 그곳에 팔려 가니까 한족 사람들이, 우린 너를 돈 주고 사 온 물건이다, 우리 며느리도 아니고, 이렇디다. 아들이 벙어리더란 말입니다. 그래서 장가갈 수가 없어서 너를 돈 주고 사 왔다, 이래서 모든 걸 니 자유대로 할 수 없고 우리 집에서 앉으라면 앉고 서라면 서고…… 도망칠까 봐 대문 밖엔 나가지 못하게 하더란 말입니다. 자유가 없으니까 이렇게 코 꿴 송아지처럼 다니는 대로 끌려 다니고……."

(〈조선일보〉, 2008. 3. 7)

"금방 회복기에 이른 어린 딸을 데리고 그 추운 겨울 다시 조선으로 돌아갈 수는 없는 진퇴양난의 상태에서 저는 할 수 없이 죽어도 하기 싫은 선택을 할 수밖에 없었습니다. 그것은 바로 말도 통하지 않는 저보다 열일곱 살 이상인 중국인 령감에게 시집을 가는 것이었습니다."

(편지 7, 〈두리하나〉 37호, p. 18)

"사실은 중국에 좋은 남자 있어 결혼해서 함께 산다 해 들어왔는데 그게 아니었습니다. 사람 장사꾼들이 저를 산동성 한족 남자에게 돈 주고 파는 거였어요. 그렇게 팔려 산동성에서 한족 남자와 살다가 2006년에 한족 사람과 같이 연변에 나오게 되었어요. 그 사람하구 한 달 반 동안 같이 있다가 산동에 다시 들어가면 난 다신 살아 못 나온다는 생각이 들었어요.

그래서 그 사람 몰래 도망 나왔어요." (편지 8, 〈두리하나〉 37호, p. 19)

(2) 인권의 사각지대: 인신매매혼

탈북여성들은 인권이 부재한 사각지대에서 살아가고 있다. 인신매매한 남편은 팔려 온 아내를 사람으로 간주하지 않고 돈 주고 산 동물로 취급한다. 탈북여성은 스스로 당시의 자신의 처지를 인간 이하의 삶이었다고 보고했다. 남편에게서 언어폭력과 무시를 당하는 것은 물론, 신체적 폭력에 시달리곤 했다. 중국에서 탈북여성의 인권은 철저히 외면당하고 있다. 탈중국하여 남한에 가겠다는 희망은 사기꾼들에게 짓밟히고 동물처럼 돈으로 거래되는 대상이 되었다.

"저는 중국에 온 지 2년이 된 탈북인 여성입니다. 한국에 가려고 힘들게 모은 돈은 가지고 있지 못하고 다 사기만 당하고 그 돈을 찾으려다가 매 맞고 숨어 다니는 신세가 되었습니다." (편지 1, 〈두리하나〉 27호, p. 15)

"제가 탈북자이니 인간이 아니죠. 중국에서는 탈북자들 보고 돼지라고 해요. 팔고 사고 흥정할 때 그렇게 통해요. 저도 도망하려다 다리가 다 부러질 뻔 했어요." (편지 6, 〈두리하나〉 36호, p. 19)

탈북여성을 대하는 중국인 남편들의 언어폭력은 매우 심각하다. 여성을 돈 주고 사 왔기 때문에 함부로 해도 된다고 생각하고 학대하는 심리를 보인다. '편지 6'에서 탈북여성을 흥정하며 '돼지'라고 불렀다는 것은 이러한 사실을 입증하는 것이다.

"아직까지 살아 있다는 것이 한스러워요. 지금 (중국) 남편은 아이 때문에 나를 필요로 하는 것이지 너 같은 것은 죽여도 누가 묻어 줄 사람도 없다고 말버릇처럼 해요. 잊고 살고 싶은 저의 처지를 상기시켜요."

(편지 6, 〈두리하나〉 36호, p. 19)

중국에서 혼인을 하지 못한 한족 남성들은 대부분 신체부자유자로 장애가 있거나 지적 능력이 낮은 사람들이다. 이들은 평소 억압된 정서를 해소하기 위해서 돈을 주고 사 온 탈북여성에게 신체적 폭력을 행사하는 경향이 있다. 탈북여성들은 중국에서 팔려서 혼인한 남성들에게 심한 폭력을 상습적으로 당했다고 보고했다. 중국인 남편의 이러한 폭력은 비단 중국에서만 일어나는 일이 아니다. 탈북여성들이 한국에 데리고 온 중국인 남편들은 한국에 와서도 여전히 폭력을 행사하는 경향이 있다고 한다.

"그 집에서 몇 달 동안 매 맞으며 욕먹으며 잠두 제대로 자지두 못했어요. 그러느니 또 도망쳐야겠다. 그래야 내가 살 수 있다 하구……."

(편지 8, 〈두리하나〉 37호, p. 19)

"때릴 때는 집안으로 들여보내 주는데 왜 들여보내 주냐면, 자꾸 도망치다 붙잡혀서 매를 맞았단 말입니다. 때리면 비명 소리를 들어야 되는데, 벙어리가 듣지 못하니까 몽둥이로 3개, 4개 부러질 때까지…… 많이 맞으면 다리가 다 부어서 바지를 벗을 수가 없었단 말입니다."

(〈조선일보〉, 2008. 3. 7)

"그 우리 집에 오는 언니도 있잖아요 남편이, 오늘도 끝내 안 나갔어요.

(언니가 일을) 며칠 하더니, 너무 막 힘들어서 너하고 못살겠다. 내가 왜 널 데리고 왔는지 모르겠다. 너가 날 그렇게 먹여 살려 줘서 불쌍해서 데리고 왔는데, 여기서도 이렇게 살면 우린 어떻게 사나, 한국은 중국하고 같지 않아. 이렇게 말을 하니깐, 칼로 찔러 죽이겠대요. 그러니깐 여자가 이제는 무서워서 말을 못해요. 이젠." (Ⅱ-1)

중국에 있는 탈북여성들은 불법체류자라는 신분 때문에 주위 남성들의 성폭력 위협에 시달린다. 관계를 거절한 여성들에게는 '밀고'라는 처벌이 주어진다. 여성에게 거절당한 남성은 그녀들이 북한 여성이고 불법체류자라는 사실을 알기 때문에 협박을 하거나 실제로 보위부에 신고해서 북송당하게 만든다. 다음 사례에서는 남편 친구가 성폭행하려는 것을 거절했더니 불법체류자임을 신고해서 보위부에 잡혀 갔다고 말했다. 북으로 끌려가면서 8개월 된 아기를 중국인 남편에게 남겨 두어야 했다.

"그 사람하고 살다가 남편 친구가 저의 몸을 탐하기에 제가 거절한 죄로 8개월 된 아기를 남겨 두고 또 다시 잡히게 되었어요."

(편지 6, 〈두리하나〉 36호, p. 19)

이러한 위협에 시달리다 보면 어디서든 몸을 내주고 자신의 안전을 꾀하는 문제해결 방식을 선택하고, 그것이 습관화되는 경우도 있다. 탈북 브로커들은 탈북여성들이 누가 강요한 일도 아닌데 스스로 그들에게 접근하는 경우도 있었다고 말했다. 위기에 처할 때 자신과 성관계를 맺은 사람은 자신을 버리거나 배신하지 않을 것이라고 생각할 수도 있다. 아무런 자원이 없는 여성이 스스로를 지키는 방법으로 성을 자원화해서 위기에서 자신을 지켜줄 사람과 연대를 꾀하는 것이다. 탈북여성들의 이러한 성 자원화 생존 모색은 생명의 위협이 사라지고 자유롭게 자신의 삶의 방식을 선택할 수 있는 경우에도 지속될 가능성이 있다.

(3) 체포의 불안과 공포

탈북인들이 일상적으로 느끼는 체포의 공포는 매우 심각하다. 북한 내에서도 늘 탈북 시도를 예방하려는 목적에서 영화를 보여 주는데 북한은 천연색 화면에 꽃과 어린이가 등장하는 화면으로, 남한은 흑백 화면으로 기운 옷을 입고 탄광을 파는 사람들의 모습으로 소개된다. 그리고 〈배신자의 최후〉처럼 비참하게 죽은 사람의 모습을 담은 위협적 내용을 담은 영화를 일주일에 한 번씩 보여 준다. 그렇게 공포감을 형성해 탈북 행동을 제어하려는 것이다.

> "여기에 대해서 잘 모르니까. 우리라는 게 무슨, 북한에서는 교육이라는 게 다 한국에서는 막 기운 옷을 입고, 탄광 파고, 이런 거여 가지고. 교육 지금도 그렇게 하는데 북한은 천연색으로 이렇게, 어린이들이 막 꽃봉오리들이 이런 거 하고, 여기는 흑백으로. 이렇게 교육을 하니까…… 거기 가는 사람들은 널빤지로 목을 눌러서 눈알 튀어나오고 이런 거를 계속 비디오로 보여 주고 하니까. 한국에 넘어가는 배신자의 말로, 이런 걸 해 가지고 기록 영화같이, 대하드라마같이 찍어 가지고 그런 거를 보여 줘요. 그러면 우리가 일주일에 한 번씩 영화 그런 관람 같은 거 있는데, 거기 가면 그런 거를 보면, 중국에서도 생각나지. 아주 상상도 못해 보던 그런 데

를 가야 되니까." (Ⅱ-7)

이렇게 학습된 공포와 불안은 단시일에 형성된 것이 아니므로 그 영향이 장기화될 수 있다. 북한 보위부는 탈북인들을 북송할 때 소나 말처럼 코를 꿰어 간다고 한다. 탈북인들이 탈북 후 북송되는 사람들을 직접 보고 나면 그 공포감은 실체를 가지게 되고 더욱 강도가 커진다. 일반적으로 장기간 쌓인 불안과 스트레스는 누적되어 신체 증상으로 나타날 수 있는데, 탈북인들의 체포에 대한 공포는 생명 위협과 맞물려서 실제 신체 증상이나 질병으로 이어질 수 있다.

> "한국 가다 잡힌 사람 몰골 보니까 무덤에서 나온 몰골 그대로란 말입니다. 뼈에 가죽만 씌어 놓은 몰골, 보기 무서울 지경으로 이 목 뒤에 등에 뼈가 다 올라오고 여기 얼굴뼈가 두드러지고……"
>
> (〈조선일보〉, 2008. 3. 7)

> "구급차나 작은 차들과 맞닥뜨려도 속으로 한 절반 놀라서 숨 넘어 가는 것 같고 집 밖에 차 소리가 나면 맨발로 달아나는 것이 일상생활로 변해 그로 인해 심장병도 얻었습니다." (편지 4, 〈두리하나〉 33호, p. 23)

탈북인들은 중국인 집에서 머물다가도 보위부가 추적한다는 소문이 들리면 그 추적을 피해 산으로 피신하기도 했다. 산 속 굴에서 추위와 굶주림에 떨다가 견디다 못해 마을에 들어와 도움을 요청해 피신한다. 하루 이틀이 아니고 장기 피신이므로 심신이 지쳐 간다. 또 다시 이들은 보위부의 끊임없는 추적을 받고 때때로 주변 사람들의 신고로 체포되는 경험을 했다. 탈북여성들 중에는 숨어 지내다가 보위부나 공안에 적발되어 북송되었던 경험을 가진 사람들도 있었다. 북송되어 강도 높은 교화나 노동단련을 당하고 또다시 탈북하는 과정을 거치면서 가족들이 뿔뿔이 헤어지기도 했다. 이렇게 여러 차례 탈북하고 북송되었다가 재탈북하는 과정을 거치면서 생존 문제와 가족 해체에 대한 불안과 공포는 더욱 가중되었다.

> "그 이후 제가 잠깐 집을 나간 사이에 이 모라는 사람이 신고하여 공안에서 애하고 남편 잡아가고 날 잡으려고 잠복해 있었어요. (그래서 잡혀 갔어요.) 그 해가 2002년이에요. 다음 해 4월 새벽에 다시 고무배를 타고 건너왔어요. 2005년 10월 연길에서 살다가 내몽골 자치주에서 지금 애하고 또 잡혔어요. 북송되어 강원도에 가서 애는 남겨 두고…… 그때 저의 본 남편이 애 데리고 청진역에서 달아났다는 것을 알았어요. 그래서 더욱 탈북을 시도했어요." (편지 6, 〈두리하나〉 36호, p. 18)

4) 탈북 이동과 사회적 자본

여러 가지 이유로 탈북을 결심하지만, 그 탈북 행위를 도울 사회적 자본이 없이는 실행에 옮기기 어렵다. 탈북을 돕는 사회적 자본으로 혈연조직인 가족과 친척이 있다. 탈북인과 가족이나 친척을 연계하여 이들을 돕는 불법 영리조직인 브로커 집단이 있다. 그리고 이들을 한족이나 조선족 남성에게 파는 인신매매단이 있다. 이들이 모두 탈북 이동에 관여한다.

(1) 가족, 친척과 브로커의 도움

탈북은 도강에서 시작된다. 국경인 압록강과 두만강을 넘는 것이 탈북의 시작이다. 문제는 강을 건넌 후부터다. 강을 건넌 후에 가족이 돕거나 친척이 돕는 경우는 가장 안심할 수 있는 경우다. 이미 탈북 경험이 있는 가족이 중국에서 북한에 있는 가족을 데리고 탈북하거나 중국에서 다른 사람을 시켜서 가족을 탈북시키는 경우다. 이때 중간에서 심부름을 하는 사람들은 흔히 중국인이나 조선족 브로커들이다. 단기체류허가를 받아 보따리 장사 등 상업 행위를 위해 자유롭게 북한을 드나들 수 있는 사람들이기 때문이다.

브로커들이 북한에 가서 편지나 말을 전하지만 그 말을 믿지 못하는 경우가 흔하다. 때로는 중국인들의 휴대폰으로 중국에 있는 부모형제, 가족들과 통화를 해서 확인한 후에 탈북을 결정짓게 된다. 가족이 가까이 있다고 해도 정든 고향을 떠나서 새로운 곳으로 이주하는 것은 마음 내키는 일이 아니다. 북한에서 개인이나 가족이 불법으로 국경을 넘는 것은 생명을 담보하는 위험한 일이기 때문이다. 어떤 가족은 함께 살아야 한다는 일념으로 보다 나은 삶의 조건이 보장된다고 믿고 위험한 모험을 감행한다.

그러나 모든 북한 주민들이 가족이나 친척의 권유대로 행동하는 것은 아니다. 어떤 가족원은 탈북하면서까지 굳이 위험을 감수할 필요가 없다고 생각하고 한국에 있는 가족에게 생활비를 보조해 달라고 부탁한다. 혼자 한국에 들어온 딸은 한국에 오지 않겠다며 북한에 살고 있는 어머니에게 매달 돈을 보낸다. 한국에서 10만 원은 그다지 큰 돈이 아니지만 북한에서 미화 100달러는 매우 큰 돈이기 때문에 딸은 자신의 생활비를 아껴서 북한의 어머니에게 보낸다고 한다.

그 돈을 전달하는 사람들도 역시 중개상인 또는 브로커들이다. 이들에게 미화를 보내면 대략 1/2~2/3가 북한의 가족에게 전달된다. 때로 '배달 사고'가 일어날 수 있다. 브로커들은 소포를 빼앗겼다고 하거나 돈을 보위부에게 빼앗겼다고 해서 처음에 요구했던 비용보다 더 많은 비용을 요구하기도 한다. 사실이든 아니든 일정 비율의 전달비와 배달 사고 등의 모든 비용은 가족의 생계를 위한 불법 행동에 따르는 고위험 비용이 아닐 수 없다.

> "그래 '언니 그때 돈을 진짜 정확히 받았어?' 그러니까 그 브로커들이 언니하고 확인전화했잖아요? 얼마 받았다 딱 그 전화 끊은 다음에 언니한테서 돈을 다 받아 빨아 낸 거예요. 조금 주고. 그러니까 우리 뭐 경비대도 꾀어야 하고 뭐 얼굴도 매겨야 하고 하니까 이만한 액수 우리가 챙겨야 되니까 달라고 그래 가지고 조금만 언니를 주고 다 뺏아 낸 거예요." (Ⅱ-9)

(2) 브로커의 안내와 거래

초기에는 탈북인들이 중국 땅을 헤매고 다녔지만, 근래에는 남한에 있는 가족, 친척, 지인들이 부탁해서 기획 탈북을 하는 경우가 종종 있다. 물론 가족이나 친척, 지인들은 탈북 브로커에게 북한에 있는 가족, 친척을 무사히 탈북시켜 데려오는 조건으로 대가를 지불하겠다는 일정한 거래 계약을 맺는다. 탈북이나 탈중국이나 위험한 불법 거래인 만큼 비용이 비싸다. 한국돈으로 800만 원에서 1,200만 원 정도로 알려져 있다. 이 돈은 미화 1만 달러에서 1만 2,000달러에 해당된다. 한국돈으로 800만 원 내외의 경우는 중국 내에서 차나 기차를 이용해 국경 지대까지 도달하면 도보로 국경을 넘는 경우로 수개월에서 1년 이상의 기간이 소요되기도 한다. 1,200만 원 내외의 경우는 비행기를 이용해서 10일 이내에 한국에 입국시키는 것이다.

그렇다면 브로커들은 누구인가? 중국에 정착해 있는 조선족, 북한 내 중국인, 한국에 이미 정착한 탈북인 등이다. 이들은 국제적으로 여러 조직의 사람들로 연계되어 활동한다. 내몽골, 태국, 베트남, 캄보디아 등 중국 국경과 국경을 맞대고 있는 국가의 조직과 연계되어 있는 것으로 보인다. 대개의 경우 탈북인들은 탈북 지원과 한국 입국을 지원하는 브로커에 선이 닿게 되거나, 운이 나쁘면 중국 내 한족 남자들에게 북한여성을 제공하는 인신매매 조직에 선이 닿게 된다. 전자는 북한을 벗어날 때부터 일종의 계약을 하고 거래를 실행하는 것으로, 그 대가로 남한 입국 후 정부에서 지원하는 정착금을 지불하기로 한다. 비행기를 타고 일주일 만에 한국에 입국한 한 탈북인은 경기도 지역에 받은 새 아파트 정착금 1,200만 원을 브로커에게 지불하고 아는 친구와 함께 살고 있다고 했다. 새 아파트를 보고 좋아했지만 브로커의 빚을 갚으라는 독촉에 돈을 내놓지 않으면 안 되었다는 것이다.

탈북인 정착 지원 정책 부분에서 잠깐 언급했듯이 한국정부가 지원하는 초기 정착금이 가족이나 친척을 탈북시키는 브로커 비용으로 사용된다는 점 때문에 초기 정착금의 규모는 점차 감소되는 추세다. 문제는 정착금이 줄어들자 탈북인들이 아파트를 내놓아 권리금을 회수하여 탈북 브로커에게 준다는 사실이다.

"한국에 저는 오자마자 그 집을 포천에 받았는데 그게 공용인데다가 새

아파트더라구요. 막 금방 준공식을 해 가지고 바닥에 그 비닐도 안 뜯었더라구요. 거기 보증금이 1,100만 원이 들어갔어요, 브로커 비용을 어차피 줘야 되니까. 그 뭐 또 절 데려온 오빠 집에 얹혀살다 보니까 그 집을 계속 비워 놨었어요. 브로커는 계속 달라 그러고 할 수 없이 집을 그냥 빼 가지고 그 집 보증금 그대로 그냥 브로커 줘 버리고……." (Ⅱ-8)

이처럼 브로커와의 거래 약속이 확실한 경우에 무사히 탈북해 한국에 입국할 가능성이 크다고 한다. 무사히 입국한 후 그가 받아 낼 대가가 크기 때문이다. 그렇지만 때로 브로커의 변심, 약속 불이행 그리고 탈북여성을 데려오는 과정에서 성범죄, 인신매매의 가능성이 있다. 실제로 한 탈북여성은 자신을 데리고 탈북하던 브로커가 자신을 성폭행하려고 해서 몇 차례나 도망을 했었다고 진술했다.

"중국으로 와서 보니 우리가 상상하던 것처럼 그냥 배만 채울 수 있는 그런 형편이 아니었습니다. 사람장사꾼들은 좋은 사람인 척하면서 달려들어 한밤중에 몇 십리씩 줄행랑도 몇 번을 하였으며……."

(편지 4, 〈두리하나〉 33호, p. 22)

브로커와의 거래에서 탈북여성들은 여성이기 때문에 또 다른 위험에 노출된다. 경제적인 문제 때문에 탈북하고 갈 곳이 없는 여성들은 중국에 아는 사람이 있다고 해서 찾아가거나, 길에서 만난 친절한 사람이라고 생각하고 이끌려 가지만 그들은 대부분 인신매매 브로커다. 달리 살아갈 방도를 찾지 못한 이들은 좌절 끝에 자포자기해서 인신매매 브로커에게 자신이 팔려 가는 줄 알면서도 스스로를 맡긴다. 인신매매 브로커들은 대상을 가리지 않고 돈을 챙긴다. 여성 1인당 금액은 한국돈 60만 원에서 90만 원 남짓, 100만 원 미만이다. 이렇게 팔려 가는 탈북인들은 대부분 20~30대 여성들이다. 이들은 중국 농촌의 한족이나 조선족 남성들, 특히 경제적 형편이나 장애 때문에 중국 내 혼인 시장에서 배우자를 찾지 못한 사람들이다.

인신매매 브로커들은 탈북여성들이 북한에 남편과 자녀가 있다는 사실도 알고 있다. 때로는 남편과 자녀가 북송되어 갔다는 사실을 알고서도 팔아넘긴다. 심지어는 자녀가 보는 앞에서 어머니를 팔아넘기거나 어머니가 보는 앞에서 딸을 팔아넘기기도 한다. 그 외에 인신매매 브로커들은 유흥업소에 탈북여성을 팔아넘긴다. 인신매매 브로커들이 한국의 조직폭력배들과 선이 닿아 이들이 중국에서 운영하는 화상채팅 업소에 탈북여성을 팔아넘기는 경우도 있다.

> "제가 사정했어요. 제 남편하고 애가 모두 금방 잡혀 갔는데 꼭 돌아온다고 하면서 저와 함께 온 그분들을 따라 갈려구 하니 그 아내 되시는 분이 저보고 철없이 논다고 하면서 꾸짖었어요."
>
> (편지 6, 〈두리하나〉 36호, p. 19)

인신매매 조직의 일부는 북한 내에 거주하는 사람들이며, 일부는 중국 내 거주자인 듯하다. 인신매매는 북한에서 여성들을 데리고 도강하여 국경을 넘어 중국에 와서 여성들을 넘기는 두 단계로 이루어지고 있다. 북한에 모집책이 있고 중국에 판매책이 있다. 이들 사이에 어떻게 거래가 이루어지는지는 알 수 없지만, 북한의 모집책 중 돈을 많이 모아서 그 지역의 큰 부자가 된 사람도 있다고 한다.

탈북여성은 인신매매를 당해서 시집을 간다. 이렇게 인신매매를 당해서 간 시집이라도 굶주리지 않는 것을 다행으로 여기고 살아가는 탈북여성도 있다. 그렇지만 대부분의 경우 말이 시집이지 중국인 남편이나 그 가족은 팔려가는 여성을 제대로 가족원으로 대우하지 않는다.

> "아직까지 살아 있다는 것이 한스러워요. 지금 (중국) 남편은 아이 때문에 나를 필요로 하는 것이지 너 같은 것은 죽여도 누가 묻어 줄 사람도 없다고 말버릇처럼 해요. 잊고 살고 싶은 저의 처지를 상기시켜요."
>
> (편지 6, 〈두리하나〉 36호, p. 19)

2. 탈북여성의 제3국생활과 사회적 자본

북한을 탈출한 이들은 제3국인 중국에서 체포의 공포 속에서 살았다. 탈북여성들은 인신매매 조직에 넘겨져서 한족 남성이나 조선족 남성에게 팔려 갔다. 이들이 이러한 생활 중에 겪는 어려움과 문제를 해결하기 위해서 어떠한 사회적 자본을 찾고 사용하는지 살펴보았다.

1) 탈북여성의 중국생활

(1) 인신매매혼의 궁핍한 생활

대체로 탈북여성들은 중국인 한족 남편이나 조선족 남편과 결혼한 후에도 여전히 가난을 면하지 못했다. 탈북여성과 사는 남편들은 경제적 형편이 좋지 않은 사람들이 대다수이기 때문이다. 아침부터 밤 늦게까지 일하지 않으면 안 되는 생활이 계속되었다. 그 와중에도 자녀를 낳아 양육해야 했다. 중국인 남편들이 원하는 것은 자녀 출산이기 때문이다. 40세가 넘어서 쌍둥이를 낳아 양육하는 여성은 북한에서 낳은 대학생 또래의 딸로부터 생각 없이 아이를 낳는다고 면박을 받았다. 그래도 이러한 삶 속에서도 북한에 있을 때보다는 생활이 낫다고 느껴 만족감을 보고하기도 한다.

중국에서 혼인의 경쟁력을 지니지 못한 이들은 신체적 · 정신적 결함이 있는 사람들이거나 아주 빈곤한 사람들이다. 이들은 중국의 오지에서 농사를 짓는 사람들이 대부분으로, 교육을 받지 못하고 평생 다른 사람들로부터 관심과 애정을 받지 못하던 이들이어서 사람을 사랑하거나 이해하지 못한다. 그들의 무지와 무능력, 게으름, 불결함은 경제적 무능력과 함께 탈북여성들을 실망하게 했다.

> "2007년 9월 25일. 추석에 만난 엄마는 밭일을 하고 있다. 옥평이는 엄마 곁을 맴돌았다. 가족의 생계를 책임진 엄마의 하루는 고달프다. 새벽 3시에 일어나 아침을 한다. 밭에 나가는 것은 새벽 4시. 점심을 먹기까지 허리를 펴지 못한다. 오후 6시까지 일을 계속하고 잠자리에 누우면 오후 10시다. '입에서 단내가 나지요.'." (〈조선일보〉, 2008. 3. 7)

> "당시는 오직 이 땅에 끝까지 딸과 함께 살아남아야 한다는 강한 생의 의식으로 보기도 싫은 그 사람에게 억지로 시집을 갔지만 한 달 두 달 세월의 흐름과 더불어 느껴지기 시작한 그 사람의 저질성과 무능력, 그리고 게

으르고 더러운 그의 생활습관이 저로 하여금 삶에 대한 의욕을 잃게 하였고 더욱 중요한 것은 돈 한 푼 없는 거렁뱅이에 가까운 그 령감의 경제생활이 저로 하여금 외지 생활을 하지 않으면 안 되게 하였습니다."

(편지 7, 〈두리하나〉 37호, p. 18)

특히 중국인 남편들은 탈북여성을 '씨받이'로 생각했다. 아이를 출산하고 나면 아이의 어머니로서 존중하는 것이 아니라, 구박을 해서 내쫓는 경향이 있었다. 씨받이로서의 역할이 끝나면 필요가 없기 때문에 오히려 식량을 줄이고자 그렇게 하는 듯하다.

"날 데리고 (압록강을) 건너선 남자가 남편에게 데려다 준댔는데, 장춘(長春)에 날 팔아먹었단 말입니다. 그래서 내가 딸 둘 데리고 농촌에 중국돈 7,000위안(93만 5,000원)에 팔려 갔는데 그곳에 팔려 가니까 한족 사람들이, 우린 너를 돈 주고 사 온 물건이다, 우리 며느리도 아니고, 이럽디다. 아들이 벙어리더란 말입니다. 그래서 장가갈 수가 없어서 너를 돈 주고 사 왔다, 이래서 모든 걸 니 자유대로 할 수 없고 우리 집에서 앉으라면 앉고 서라면 서고…… 도망칠까 봐 대문 밖엔 나가지 못하게 하더란 말입니다. 자유가 없으니까 이렇게 코 꿴 송아지처럼 다니는 대로 끌려 다니고……."

(《조선일보》, 2008. 3. 7)

하지만 한족과 달리 외모가 비슷하고 언어가 통하는 조선족 남편들은 탈북여성들의 삶을 이해하기 어렵지 않다. 늘 체포와 구금의 위협에 시달리고 쫓겨 다니는 아내를 보면서 안타까워하고 아내를 보호하기 위해서 애쓰기도 한다. 하지만 한두 번이 아니라 늘 위협

속에 노출되어 있어 불안해 하는 생활을 해야 하고 아내 대신 남편이 잡혀 가서 벌금을 내고 풀려 난 후에도 안심이 되지 않아 아내를 피신시켜야 하는 일이 반복되면 그들도 좌절한다.

> "2002년 아이를 낳고 네 달이 되던 날 경찰들이 저를 붙잡으려고 왔는데 그날 저는 다행히 피할 수 있었고 남편이 붙잡혀 가서 구류하고 엄청난 벌금을 했으며 저는 젖 먹는 아이를 떼어 놓고 산으로 피해 가 있었습니다. 그 후에도 지금까지 여러 번 저를 붙잡으러 왔는데 그때마다 남편과 친척들이 붙잡혀 가서 고생하고 벌금을 했으며 지난 설에도 또 일이 나서 산에 들어가 있었습니다. 지금 이 편지도 요즘 또 연변 내에서 조선 사람들은 모두 붙잡으라는 회의를 했다고 해서 산으로 피해 와 있으며 쓰는 글입니다." (편지 4, 〈두리하나〉 33호, p. 18)

조선족 남편들은 탈북인 아내와 함께 늘 북송의 위험과 공포를 느껴야 했다. 이들이 그 공포에서 벗어나는 길은 유일하게 아내를 북한이나 중국이 아닌 외국, 즉 남한으로 보내는 것이다. 남한에 입국한 한 탈북여성은 북한의 남편과 자녀가 있고 중국의 남편과 아이가 있다고 했다. 늘 체포의 위험에 떨던 남편이 아내를 남한으로 보내는 데 동의했다고 한다. 그녀는 북한의 자녀를 데려와 남한에서 교육시키고 있다. 중국의 남편과 아이와는 국제전화로 통화하며 중국의 아이도 남한으로 데려올 궁리를 하고 있었다. 그녀는 삶의 여건이 나은 곳에서 자녀를 양육하고 싶어했다.

(2) 탈북여성의 국적과 출산한 자녀의 호구 문제

불법체류자인 탈북여성에게는 국적이 없다. 중국에서 무국적자로 살아가면서 겪는 어려움은 한두 가지가 아니다. 정체를 밝힐 수 없다는 두려움, 법적 · 제도적 보호와 지원을 받지 못하는 어려움 등이 매우 크다. 특히 불법체류자인 탈북여성이 출산한 자녀에게는 중국의 주민등록증인 호구(戶口)가 나오지 않는다. 아이들의 존재를 중국이 법적으로 증명해 주지 않아서 중국 국민으로 살아갈 수 없다. 학교에 갈 수 없고 병원에 가서도 제대로 치료를 받을 수 없는 유령 사람처럼 살아가고 있다.

> "오늘까지 생활에서 제일 안타깝고 고통스러운 것은 국적이 없는 가련한 신세인 것이었습니다. 중국의 그 어디를 가도 신분증이 없이는 여관에서 잘 수도 없고 움직일 수 없는 이 중국 땅에서 저의 가장 절절한 소망은 국적을 지니는 것이었습니다. …… 저뿐만 아니라 이젠 다 자란 어린 딸도 호구가 없어 학교도 다닐 수 없는 이 암담한 상황에서 신분에 대한 요구는 더는 미룰 수 없는 문제가 아닐 수 없는 것입니다."
>
> (편지 7, 〈두리하나〉 37호, p. 18)

중국 내 '무국적' 탈북인 2세들은 1~2만 명으로 추정된다. 이들은 교육과 의료혜택을 받지 못한 채 고통스럽게 살고 있다. 주민등록 기록이 없어 범죄의 대상이 되어도 하소연할 곳이 없다(〈조선일보〉, 2008. 3. 7). 무국적 아이들은 탈북 사태 10년이 만든 또 하나의 비극이다. 탈북인이 낳은 아이는 국적이 없다. 중국은 인구 증가를 막기 위해 부모의 신분이 명확하지 않으면 호구에 등록하지 않는다. 결국 불법체류자인 탈북인의 자녀는 국민이 아닌 채 중국에서 살아

간다.

탈북인 2세 문제는 중국 농촌의 흑해자(黑孩子) 문제와 비교되기도 한다. 무등록 자녀를 뜻하는 흑해자는 한 가정 한 자녀 정책의 결과다. 아이가 둘 이상이면 남자아이를 등록하기 위해 여자아이를 숨기는 것을 의미한다. 따라서 엄격하게 분류하면 탈북인 2세와 흑해자는 별개의 문제다. 무국적 아이들은 교육받을 권리가 없다. 농촌의 경우 부모가 학교를 설득해 초등학교를 다니기도 하지만 졸업장은 받을 수 없다. 중학교 이상 진학도 불가능하다. 의료혜택에서도 제외된다. 중국 국민도 아니고 외국인도 아니기 때문이다. 사정이 그렇다 보니, 각종 범죄의 표적이 되기도 한다. 아무 기록이 없어 범죄 대상이 되더라도 억울함을 하소연할 수 없다.

자녀를 버리고 달아나는 탈북여성들이 많다는 것도 무국적 아이들이 앓고 있는 또 다른 문제다. 탈북인을 지원하는 옌지(延吉)의 한 조선족 목사는 "팔려 와 1, 2년을 지내면서 세상에 대해 눈을 뜨게 된 여성들이 도망가는 경우가 많다"며 "심정이 이해는 가지만, 남은 아이들은 치유될 수 없는 정서적 상처를 안게 된다"고 말했다. 자발적으로 달아나는 경우도 있지만, 마을 주민들의 신고를 받은 공안에 의해 탈북여성들이 강제 북송되는 경우도 허다하다.

중국 전역에 퍼져 있는 탈북인 2세의 숫자는 명확하지 않다. 대체로 중국 내 탈북인이 10만여 명으로 추산되기에 탈북인 자녀의 수는 1만여 명에서 2만여 명 사이로 추정되고 있을 뿐이다(〈조선일보〉, 2008. 3. 7). 무국적 아이들을 돌보려면 상당한 자금이 필요하다. 아이들을 먹이고 재울 곳이 필요하며, 이들을 교육시키고 예방접종도 해야 한다. 무국적 아이들의 질병 치료는 '국경 없는 의사회' 등 해

외 기관의 후원에 의존하고 있는 실정이다. 무국적 아이들과 고아들에게 시민단체와 종교단체, 국제단체의 도움이 절실히 필요하다. 이는 무국적 아이들과 고아들의 생존과 복지에 국제적 협력이 필요한 이유이기도 하다.

(3) 노동 착취와 화상채팅

인신매매를 통해 중국인 남성에게 팔려 가지 않은 경우라 하더라도 중국에서 탈북여성들이 생활하는 환경은 매우 열악하다. 탈북여성들이 중국에서 직장을 얻고 노동을 하는 경우에 불법체류자라는 신분상의 약점이 곧 노동 착취로 이어진다. 불법체류자임을 아는 즉시 사용자들은 임금을 깎고 그 임금마저 제때 지불하지 않았다.

> "그리하여 1999년 울며 안 떨어지겠다는 어린 딸을 그 사람의 집에 맡겨 둔 상태에서 ○○로 나와 식당일을 시작하였습니다. 가는 곳마다 북조선 사람이라는 이유로 조롱과 멸시를 받으며 최하의 임금을 받으면서도 오직 돈만 벌면 모든 것이 좋아질 거라는 한 가지 생각으로 마음을 위안하면서 살아왔지만……." (편지 7, 〈두리하나〉 37호, p. 18)

> "개고기집에서 일하게 되었는데 처음 해 보는 일이라 많이 힘들었습니다. 나는 그 집에서 중국돈 400위안을 받고 일했습니다. 다른 복무원은 1,000원을 받았지만 나는 북조선이라는 것 때문에 적게 주었습니다. 그리고 그 집 로반은 나에게 이렇게 말했습니다. 너 지금은 돈이 필요 없으니까 나중에 2,000위안 되면 주겠다고 했습니다. 나는 그 말을 믿었고 열심히 일했습니다. 정말 신이 났습니다. 내 손으로 일해서 돈도 벌고 또 말도 통하고 걱정이 없는 것 같았습니다. 근데 그 로반은 악한 여자인 것 같

습니다. 힘든 일을 다 나 보고 하라고 했습니다. 식당일도 많이 시켰고 입던 옷과 속옷 빨래도 시켰습니다. 잠이 모자라서 며칠 안 되어 코피를 흘렸습니다. …… 손은 얼었고 물에 들어가 있으니 많이 터져 있었습니다. 그러는 로반이 미웠습니다. 하지만 내 운명이라는 생각이 더 많이 들었습니다." (편지 5, 〈두리하나〉 34호, p. 19)

이처럼 고된 일을 낮은 임금으로 부리다가 탈북여성이 체불된 임금을 달라고 요구하면 인신매매를 주선하거나, 그것을 거부하면 공안에 신고해 북송을 당하게 하기도 한다.

"그 집 로반은 돈 줄 날짜가 되었지만 줄 생각 안 하고 날 보고 시집을 가라고 했습니다. 나는 싫다고 했지만 아이가 있는 조선족 남자를 보여 주면서 같이 살라고 했습니다. 나는 겁이 나서 이곳을 떠나겠다고 했습니다. 로반은 가면 경찰한테 신고하겠다고 했습니다. 그러다 같이 일하던 복무원의 도움으로 그 집에서 또 도망쳤습니다. 이젠 모든 일을 가로막게 하는 탈북인 북조선 사람이라는 것이 너무나 지겹고 정말 싫습니다." (편지 5, 〈두리하나〉 34호, p. 19)

탈북여성은 한족이나 조선족에게만 매매되는 것이 아니라 남한의 조폭에게도 매매되고 있다. 남한의 조폭들은 중국 연변 등에 화상채팅 업소를 열고 탈북여성들을 사들여 감금한 후에 화상채팅을 강요하며 돈을 벌어들이고 있다. 〈조선일보〉 기획 취재(〈조선일보〉, 2008. 3. 7)에서 이러한 사실이 확인되었다. 탈북여성 3명이 화상채팅 업소에 매매되어 감금당하면서 화상채팅 영업을 강요받았다는 내용이었다. 탈북인 지원 단체인 '두리하나'에 편지를 보낸 탈북여성도 그러한 일을 하고 있었다.

"도망쳐서 이리저리 다니다 알게 된 것이 ○○에 화상하는 집에 가게 되었어요. 난생 처음 컴퓨터를 만져 보고 이날 입때껏 크면서 화상채팅이라는 말조차 몰랐는데 여기서 제가 이런 것을 하게 될 줄이야 정말 몰랐습니다." (편지 8, 〈두리하나〉 37호, p. 19)

2) 탈북여성의 좌절과 용기

(1) 탈북여성의 좌절

탈북여성이 중국 입국 후 중국을 떠도는 생활에서 느끼는 불안정과 좌절은 매우 심각하다. 자기 자신의 삶을 부정하거나 극도의 부적응 행동을 보이기도 한다. 탈북여성의 좌절로 인한 자기포기 행동은 자살을 시도하는 것이다.

"24시간 동안 컴퓨터에 앉아 돈을 벌어야 했습니다. 며칠간 이렇게 사느라 하니 화상하는 집주인이 돈을 못 번다구 욕하는 거예요. 정말 그 집에서 그런 일 할 거면 풀죽을 먹어도 제 나라 땅에서 사는 게 낫겠다는 생각도 들구요. 이렇게 살 거면 죽는 게 낫겠다는 생각도 들었어요. 죽자구 약도 먹구 했는데 숨이 넘어 안 가구 살아 있는 거예요. 그래서 생각했어요. 내가 잘살아 돈 많이 벌어 우리 부모형제 살리겠다고 들어왔는데 이렇게 나약해서는 안 되겠다구, 잘 살겠다구, 내 고향 부모형제 다 버리고 왔는데…… 어떻게 하나 이 집을 빠져나가 살아야겠다는 결심이 들었어요."

(편지 8, 〈두리하나〉 37호, p. 19)

탈북여성이 스스로 삶을 살아갈 능력이 없다고 생각하고 자신을 포기하는 경우도 있다. 탈북여성의 자포자기는 자신을 스스로 인신매매단에 넘기는 행동으로 나타난다. 그리고 중국인 남편과의 사이에서 별 생각 없이 아이를 출산한다. 구매자의 요구에 부응해서 아이를 낳아 준다. 자신이 매매당해 낳아 준 아이의 인생에 대해서 생각하기를 거부하고 자신의 안전만을 생각하는 경우도 있다. 자신의 생존을 위해서 자녀를 출산해 준다. 애를 낳아 주기 전에는 놓아주지 않을 것이라 생각하고 그렇게 한 것이다.

"그러다가 내가 이 집에서 도망치자면 아이를 하나 낳아야 좀 자유가 생겨서 도망쳐도 도망치겠다 해서 내가 그 집에 들어가 애를 가졌습니다. 그래서 아이를 낳고 1년 9개월 돼서 젖먹는 애기 두고 우리 아이 둘만 데리고 도망쳤는데……." (〈조선일보〉, 2008. 3. 7)

탈북인들이 정신을 차리고 삶의 힘을 되찾을 때는 가족과 연결되는 때다. 이들이 가족을 찾을 때는 그만큼 마음의 여유를 찾고 싶을 때다. 북한이나 남한에 있는 가족의 안부를 알기 위해 백방으로 노력한다. 잃어버렸던 가족을 찾고 죽은 줄 알았던 자녀를 찾았을 때 그들은 온갖 수모와 극한 상황에서 경험했던 상처에 대한 보상을 받는 것처럼 느낀다. 탈북인들이 새로운 삶에 대한 의지를 회복한 후에 가장 먼저 가족의 안부를 알고 싶어한다. 가족이라는 유대가 탈북인들의 희망임을 알 수 있다.

"아버지 어머니 미안합니다. 내가 동생을 잃어버렸습니다. 저 세상에서 사랑하는 불쌍한 우리 동생을 꼭 찾게 해 주세요. 동생아 아프지 말고 울지 말고 행복하게 있어라. 열다섯 살이던 너의 모습 많이 변했겠지. 우리 할머니 되어 만나서라도 웃기도 하고 눈물도 흘리자. 꼭 그날까지 기다리자. 꼭 그날이 있을 거야……." (편지 5, 〈두리하나〉 34호, p. 19)

(2) 생존 의지와 용기

탈북인들이 기억하는 가장 생생한 어려움 중의 하나는 중국에서 또 다른 국가로 넘어가는 과정이었다. 중국에서 몽골로, 태국으로, 캄보디아로 가는 길. 그중에서도 몽골로 가는 길은 특히 험해서 그쪽으로 가는 사람이 적다. 탈북인들은 밤새 몽골 사막지대를 걸었다고 했다. 나무 한 그루, 집 한 채 없이 깜깜한 사막을 밤새 걸어야 했다. 그 어둡고 막막한 밤은 탈북여성들의 삶과 유사하다. 자신과 자녀의 생명을 걸고 국경을 넘는 것은 삶의 의지가 강렬하기 때문에 가능한 일이었다. 동물들이 달려들까 무서워서 들풀을 꺾어서 불에 태우다가 나중에는 태울 것이 없어 입던 옷을 벗어 불에 던졌다고 한다.

"나중에는 우리 모인 사람이 남자 1명에, 지금 60 거의 된 엄마 1명, 나하고 ○○, ○○이 해서 5명 됐는데 2명은 떨어져서 먼저 가 있고, 그 5명이 옷을 한 사람씩 벗게 했어요. 야, 이제는 풀이 다 그러니까 우리 이제는 옷 태우자. 태울 것 없는데 어떻게 하겠는가 해 가지고. 제가 먼저 옷 벗었거든요. 저는 풀도 없고 하니까. '너 제일 적게 입었는데 어떻게 하니?' 그래도 그 무리에서 솔선수범하는 사람이 있어야 다 따라 하니까 벗어 가지고 하니까 사람들이 그게 다 타니까 안 되겠는지 돌아가면서 다 하나씩 떼어 놓더라고요. 자기 것 그래 가지고 남자 1명은, 요긴하게 때자면 불을 보고 짐승들이 못 오니까 불 죽이지 않으면 된다고. 그래 가지고 팔 한쪽 뜯어 가지고 한쪽이 다 타면 또 이쪽 팔 뜯고…….” (Ⅱ-7)

이 탈북인은 만 이틀 동안 사막을 걷다가 몽골 변방 군대에 잡혔다고 했다. 그처럼 험난한 길을 걷고 죽음의 공포와 싸워 이긴 것은 강한 생존 의지 때문이다. 탈북인들, 그중에서도 탈북여성들이 자신의 몸을 던져 거래하는 것이나 심지어 아이를 낳아 주고 도망쳐 나오는 것은 극한의 생존 의지를 보여 주는 장면이다. 이들은 체포와 북송의 위험을 안고 탈북하여 중국을 벗어나기 위해 큰 모험을 시도한다. 이 모든 것은 이들에게 환경을 극복하고자 하는 용기와 담력이 있었기 때문이다. 자원이라고는 거의 없는 이들이 탈북과 남한 입국에 성공한 것은 오직 어려움을 극복하는 담력과 용기, 그리고 관계를 사회적 자원으로 활용할 수 있었기에 가능한 일이었다.

“아휴, 나는 그때 생각하면……. 그래 가지고 집에 언니나 엄마 데려오고 싶어도 너무 고생스러우니까. 내가 차라리 같이 떠나면서 그러면 모르겠는데. 우리 언니라면 그만한 담력이 없어. 솔직히 죽음을 각오하고 담이 있어야 오는 거야. 담이 있어야, 담력이 있어야 오지. 웬만해 가지고 여기 오나.” (Ⅱ-7)

한편, 탈북인들은 위기와 위험을 겪으면서, 이를 이겨 낸 자기 자신에 대해 신뢰와 자신감을 형성한다. 목숨을 위협하는 여러 번의 위기를 극복하고 개인적 · 사회적 자본을 형성한 탈북인들은 자신뿐 아니라 함께 고난을 겪었던 탈북인들을 인정하는 모습을 보인다. 심지어 남한에 온 후 일을 하지 않고 있는 탈북인들에게 그러한 용기와 담력이 있었다는 점에 대해서는 서로 인정한다.

"나는 여기 오는 사람들 보면 진짜로 생각이, 내가 딱 도착하고 나니까, 야, 이 사람들도 저 바보같이 놀아도 그냥 보이지 않아요. 저게 바보같이 놀아도, 저게 야, 어떻게, 대단하다 그냥 그런 생각밖에 안 들어." (Ⅱ-7)

사람은 위기 속에서 생존 의지가 더 강화되는 경향이 있다. 북송과 체포의 위협에 시달리면서 오히려 생존을 위해 가능한 수단과 방법을 가리지 않고 살아야 한다는 의식이 증가된다. 특히 탈북여성들이 어려운 탈북과 중국생활을 모두 견딜 수 있었던 배경에는 어머니로서의 책임감과 모성애가 있다. 아픈 아이를 구하기 위해 탈북하고 아이를 찾기 위해서 여러 곳을 헤매는 것은 분명 모성애 때문이다. 한 탈북여성이 3개월 만에 아이를 찾았을 때를 회상한 바에 따르면 아이가 '불에 그을린 새' 같았다는 것이었다. 아이의 비참한 모습을 본 탈북여성은 네발짐승처럼 방바닥을 기었다고 했다. 부모 없이 세상에 버림받고 흘러 다니다 황폐해진 딸을 본 어머니의 회한 어린 심정을 알 수 있다. 그 탈북여성은 그래도 딸이 살아 있다는 것에 안도하는 모성애를 보였다.

"중국에 오니 외삼촌 되는 분이 눈물 흘리며 맞아 주었어요. 여기서 살라고 하면서…… 그런데 밥이 넘어가지 않았어요. 자식 생각에…… 눈물로 하루하루를 보내는데 애 아빠가 데리러 갔다 오겠다고 했어요. 그 사람 회령에 나가 잡혀 강원도에까지 갔다가 모두가 보증하는 덕분에 세 달 만에 애를 데리고 왔어요. 언니 집에 들어서니 애가 보이지 않고 구석에 헌 헝겊 같은 것으로 머리만 덮어 놨더래요. 형부라는 사람은 애를 가져다 버리라고 말하고……. 기적같이 아빠가 나타나 살아난 것이에요. 세 달 만에 돌아왔어요. 애를 보는 순간 저는 울지 않을 수가 없었어요. 내가 그 아이의 엄마라는 것이 부끄러웠어요. 엄마의 자격도 없었어요. 긴 머리는 없고 불에 끄슬린 새 같았어요. 통곡했어요. 세월이 한스러웠어요. 그곳에서 태어난 것이 한스러웠어요. 애한테 미안했어요. 난 믿기지 않아 네발짐승처럼 방바닥을 헤맸어요. 그래도 왔으니 살았구나."

(편지 6, 〈두리하나〉 36호, p. 18)

그러나 탈북여성의 모성애는 양면적이다. 이들의 모성적 선택은 때로는 납득하기 어려운 행동으로 나타나기도 했다. 중국인 남편으로부터 벗어나기 위해서 중국인 남편의 아이를 낳아 주고 탈북 시 데리고 들어온 두 아이를 데리고 도망쳤다. 북한에서 데려온 아이와 남겨진 아이에 대해서 서로 다른 모성이 작동한 것이다.

"그러다가 내가 이 집에서 도망치자면 아이를 하나 낳아야 좀 자유가 생겨서 도망쳐도 도망치겠다 해서 내가 그 집에 들어가서 애를 가졌습니다. 그래서 아이를 낳고 1년 9개월 돼서 젖먹는 애기 두고 우리 아이 둘만 데리고 도망쳤는데, 내가 벙어리 집에 들어가 생활한 게 1999년 11월 29일날 시작해서 2000년도 애를 낳고 2001년 6월에 내가 도망쳐 나왔습니다."

(《조선일보》, 2008. 3. 7)

또 한 탈북여성은 북한에서 데리고 나온 아이를 중국인 남편에게 인질로 맡기고 그 집을 뛰쳐나왔다. 모성은 어떤 경우에 작동하고 어떤 경우에는 차단되는 것인가? 그 의문은 여전히 풀리지 않는다.

3) 탈북 과정에서의 사회적 자본

(1) 가 족

가족만큼 중요한 사회적 자본은 없다. 가족은 탈북인들이 가장 신뢰하고 애착을 느끼며 소중히 여기는 사람들로서, 탈북 과정의 고단한 삶 중에서도 심리적 위안을 받을 수 있는 자원이다. 탈북인 중에는 가족이 함께 의논한 후 탈북하는 경우가 있다. 이들은 서로 의지하여 탈북의 위험을 낮추고 탈북 후에도 서로 정서적 유대를 가지고 생활하므로 가장 바람직한 적응을 하는 사람들이다. 다음은 부부가 탈북하여 도강한 사례다.

> "그 사람이 도와주고 싶다고 하면서 저의 남편 보고 중국에 혼자 갔다 오라고 하니 싫다고 하여 또 내가 혼자 갈려구 해도 그것도 싫다 하여 98년도에 (나와 남편이) 함께 도강하게 되었어요. 두만강 추운 물이 무섭지 않았어요. 넘어와 그 밤길로 걸어야 했어요. 너무 춥고 피곤하여 잠이 들었어요. 눈이 얼굴을 덮은 것도 모르고. 잠을 자다가 남편이 다급히 깨웠으니 살았지 아니면 몸이 얼어 그렇게 영원히 깨어날 수 없었을 거예요."
>
> (편지 6, 〈두리하나〉 36호, p. 18)

이 사례의 탈북인 부부는 중국에 와서 외삼촌의 도움으로 잘 정착하는 듯했다. 그러나 북에 두고 온 딸이 눈에 밟혀 남편이 아이를 데리러 다시 북한으로 들어갔다. 회령에 갔다가 붙잡혀서 강원도까지 갔다가 다른 사람들이 보증을 선 덕분에 3개월만에 아이를 데리고 탈북했다. 여성은 여러 달 만에 만난 아이가 불에 그을린 새 같았다고 표현했다. 하지만 온 가족 세 사람이 만난 기쁨도 잠시, 이웃 사람이 중국 공안에 신고해 남편과 아이가 잡혀 북송되고 아내는 마침 집을 비웠기에 잡히지 않았다. 이후 갈 곳이 없던 탈북여성이 이끌려 간 곳은 중국에 있는 조선족의 집이었다. 그곳에서 살면서 아이를 낳았는데 조선족 남편의 친구가 자신의 몸을 탐하는 것을 거부하여 신고당해 북송되었다. 1년 후 탈북해 내몽골 자치주에서 아이와 체포되었다. 다시 북송되어 아이는 북한에 두고 있다가 북한 남편이 아이를 데리고 청진역에서 탈북했음을 들어 알게 되어 재탈북했다. 그리고 다시 다른 중국인 남편에게 팔려 갔다. 이처럼 탈북과 북송을 거듭한 사례는 드물지 않다. 이 탈북여성의 연이은 북송과 탈북 사건은 다음과 같다.

- 1998년 부부가 함께 탈북, 남편이 북한에 다시 들어가서 딸을 데리고 탈북. 그 해에 남편과 딸이 잡혀 북송당한 후 조선족 남편과의 사이에서 아이 출산
- 2002년 조선족 남편 친구의 신고로 북송됨
- 2003년 4월 탈북
- 2005년 10월 내몽골 자치주에서 체포되어 북송됨
- 2007년 재탈북 후 또 다른 중국인 남편에게 팔려 감
- 2007년 종교단체에 도움 요청

가족의 지원으로 국경을 넘는 경우가 빈번하다. 10여 명이나 되는 일가족은 함께 태국 국경을 넘어 7개월이 걸려서 한국에 도착했다. 가족원 간의 유대와 신뢰 없이는 불가능한 일이었을 것이다.

> "얘네는 지금 온 가족이, 서럽다고 전화를 해 가지고 울며불며 이래 가지고 언니들이 10명이 한꺼번에, 온 가족이 한꺼번에, 형부, 언니, 애들까지 다 해 가지고 큰언니, 작은언니 출동해 가지고 떠났어요. 얘도 우리하고 같은 고향인데 우리 그 ○○군에서는 난리가 난 집안이지, 온 가족이 사라져 버렸으니까. 그래 가지고 다 왔는데……." (Ⅱ-8)

> "가족을 그렇게 데려오려고, 그렇게 고향에 저걸 들여놓고 엄청 후회했어요. 오는 게 너무 고달프고 또 더러는 잡혀 나가서 지금 고생은 고생대로 감옥에 가서 하고. 여기서 내가 막 데려오다가 그렇게 해 놓고 나도 막 밥 먹고 사는 게 그저 지옥 같고. 죽을 먹어도 그냥 놔뒀을 걸. 내가 돈을 조금씩 도와주면서 그냥 그렇게 살게 할 걸 그런 생각도 많이 하죠. 오는 기간이 너무 힘들어. 저도 막 올 때 잡히면 죽을 거 각오했으니까 잡히면 아싸리 자살하는 게 낫겠다 싶어서 쥐약을 가지고 떠났다니까. 잡히면 그거 먹고 죽으려고." (Ⅱ-7)

(2) 시민단체 또는 종교단체

탈북인들에게 실질적 도움을 주는 사회적 자본은 시민단체나 종교단체들이다. 이들은 생명의 위협을 무릅쓰고 제3국에서 탈북인들을 돕고 있다. 탈북인들은 중국에서 고달픈 삶의 탈출구로 남한으로 가기를 원한다. 남한에 가면 자유롭게 살 수 있을 뿐만 아니라 정부가 정착금과 임대주택을 제공한다는 사실을 들어서 알고 있기 때문이다. 탈북인들은 남한으로 갈 방법을 찾다가 탈북인을 지원하는 종교단체나 시민단체와 접촉을 시도한다. 접촉은 전화, 인터넷을 통한 이메일 송신 등 다양한 방법으로 시도된다.

> "내가 3차에 걸쳐서 조선에 나가 잡혀서 조선 보위부에서 많이 본 경험에 의하면 지금 중국에 들어와 살고 있는 북조선 사람들이 여자건 남자건 상관없이 한국에 가는 게 목적입니다. 100프로 한국 가면 자유롭게 산다고 들었습니다. 나는 못 가 봤지만. 간 사람들 말에 의하면 맘 놓고 돈벌이할 수도 있고 한 동포라고 호구(호적)도 올려 주고 그렇게 하고 살림집도 해결해 주고 살기 좋고 능력껏 일해서 돈을 벌 수 있단 말입니다. 자유롭게 살 수 있고. 우선 중국 땅에서 살자면 공포심에 질려서 마음 놓고 살지 못한단 말입니다. 잡힐까 봐." (〈조선일보〉, 2008. 3. 7)

여러 가지로 남한으로 이주하는 방법을 찾던 탈북인들이 해외에서 송파하는 대(對)북한 라디오 방송을 듣고 탈북인의 남한 이주를 돕는 시민단체나 종교단체를 찾는다. 한 탈북여성이 그 종교의 신자여야만 탈북인을 지원하는지를 묻는 이메일을 보내기도 한다. 그녀는 아롱다롱이라는 ID로 17차례나 이메일을 보내 왔었다고 한다.

> "저는 목사님에게 묻고 싶어요. 하느님을 믿는 사람만 먼저 한국으로 보내주는 겁니까? 하느님을 믿지 않던 사람도 나중에는 하느님 도움으로 한국 가게 되면 그것이 앞으로는 하느님의 자식이 되는 길입니다."
>
> (편지 1, 〈두리하나〉 27호, p. 15)

"몇 번의 일을 거치고 남편과도 상의하고 여기 중국에선 도무지 제가 살 수 있는 곳이 없어서 어떻게든 떠나 보려고 연길에도 찾아가서 여러 사람들을 만났지만 모두 돈에만 관심이 있었고 일이 잘되지 않았습니다. 목사님에게 연락을 해 보려고 여러 곳에 부탁을 했는데 한국에 나가 계시는 시댁 친척 분에게 부탁한 것이 전화드리기 며칠 전 전화번호를 알려 주어서 전화했던 것입니다. 그날 정말 심장이 떨려 긴장한 마음으로 말씀드렸는데 전화 받으시는 분이 너무 친절하였고요, 전화를 하고 집으로 돌아오는데 그날 날씨가 많이 흐려 있었지만 저의 마음이 그렇게 희망으로 해서 기뻐 본 적이 없었습니다." (편지 4, 〈두리하나〉 33호, p. 22)

종교단체 두리하나는 탈북인 630명을 지원해서 한국에 입국시켰다고 한다. 미국의 〈월스트리트저널〉이 그 단체의 대표는 노벨평화상 수상 후보에 올라야 한다고 전할 정도로 탈북인 지원의 노력이 크다(〈조선일보〉, 2008. 10. 13). 두리하나 대표는 2001년 중국에서 몽골 국경으로 넘던 탈북인들은 돕다가 중국 공안에 검거되어 7개월 동안 감옥에 수감되기도 했다. 최근에는 인터넷 MSN 메신저를 통해 살해 위협을 받는 등 여러 차례 심각한 신변의 위협을 받았다고 한다(〈두리하나〉 36호, p. 10).

한편, 종교단체 또는 시민단체에서 탈북인들을 지원하는 사람들은 개인적으로 많은 심리적 갈등을 경험한다. 탈북인들은 공산주의 사회의 독특한 문화를 가지고 있다. 공산주의와 유일사상 체제에서 상부의 지시에 순종하는 것에 익숙했던 탈북인들은 독자적으로 사고하거나 판단하기가 어렵다. 당과 같은 상부 조직으로부터 주어진 재화를 받아서 수동적으로 소비했던 그들은 자본주의 사회의 문화에 문외한이다. 게다가 그들은 십수 년 이상의 식량위기 동안 생존하기 위해서 무슨 일이든 해야 했던 생활을 해 왔다. 어쩌면 그들에게 정직, 성실, 타인에 대한 배려 등의 덕목을 기대하기는 어려울지 모른다. 요구하는 데만 익숙하고 감사할 줄 모르는 그 문화적 차이를 개인적 · 집단적으로 극복하기란 쉽지 않은 일이다. 탈북인을 지원하는 종교단체의 목사들조차도 탈북인들의 거짓말에 자주 상처받고, 그들에게 멱살을 잡히는 일을 경험했다. 어떤 탈북인은 위험한 상황에서 여러 달 동행했던 기자들에게도 거짓말을 하며 돈을 요구하기도 했다. 이러한 사실에서 보듯 탈북인 지원 단체나 담당자들은 탈북인들과의 사이에서 끊임없이 문화적 차이와 갈등을 극복해야 하고, 개인적 좌절도 극복해야 하는 이중의 어려움을 겪고 있다. 이들은 인간 구원에 대한 종교적 신념, 인간 본질에 대한 통찰, 동족에 대한 연민 등 그 어떤 신념을 가지고 있지 않고서는 계속해 나가기 어려운 과업을 하고 있다. 때로 회피하고 싶은 과업이지만, 그들은 어려움을 겪으면서도 탈북인을 돕지 않을 수 없다고 말한다. 생명의 위협을 받고 탈북한 이들에게 자신들만큼 실질적 도움을 줄 다른 사회적 자본이 없다는 사실을 알고 있기 때문이다.

제4장

탈북인의 사회관계망과 사회적 자본의 형성

제 4 장 | 탈북인의 사회관계망과 사회적 자본의 형성

탈북인들의 생애는 시기에 따라 크게 탈북 이전, 제3국 거주 기간, 남한 입국 후 기간의 세 시기로 나누어진다. 탈북인들은 도강(渡江)이나 월경(越境)을 통해 공간적 경계를 뛰어넘으면서 자신의 생애에 뚜렷이 구분되는 시간적 경계를 만든다. 국경을 넘으면서 탈북인들은 새로운 사회적 환경에 속하게 되며 돌이킬 수 없는 생애의 국면에 접어들게 되는 것이다. 그러나 다른 한편 탈북인들은 다양한 사회적 관계망을 통해 3개의 공간에 동시에 소속되어 있는 사람들이기도 하다. 북한의 가족들, 중국에서 새롭게 형성한 가족, 중국에서 만난 탈북인들 그리고 현재 한국에서 만난 탈북인들은 어떤 식으로든 서로 연결되어 있다. 그러나 공식적으로는 북한사회의 폐쇄성, 경직된 남북관계, 중국사회 내 정책과 현실 사이의 간극 때문에 탈북인의 사회관계망 존재 자체가 부인된다. 우리는 탈북인들의 사회적 자본에 대한 탐구를 탈북 이전 북한사회에서의 삶에서 출발했다. 이 장에서는 탈북 전 북한에서 이들이 어떤 사회적 관계망을 형성했으며 어떻게 사회적 자본을 축적했는지를 알아보고자 한다. 그리고 그 사회적 자본이 어떻게 이들의 탈북에 도움을 주었을지를 살펴보고자 한다.

1. 북한에서의 사회적 자본

1) 전통적 사회관계망: 가족과 친족

탈북인의 북한에서의 사회적 자본에 대한 탐구를 시작하기 전에 염두에 두어야 하는 사실은 북한이 사회주의를 지향하면서도 동시에 강한 가부장적 전통을 유지하고 있는 가부장제 사회주의국가라는 점이다. 그리고 이러한 북한사회의 특성은 개인보다 가족을 우선시하는 전통적 가족주의를 강화하는 문화를 낳았다. 심각한 대규모 식량난에도 불구하고 북한사회가 어떻게 유지될 수 있었는지를 연구한 박현선(2003)은 북한의 가족이 위기 대처 전략과 그에 따른 가족의 재구조화 과정을 통해 가족을 유지시켜 국가의 위기를 상당 부분 흡수함으로써 국가를 안정시키는 사적 통합 기제의 역할을 수행했다고 보았다. 특히 직장, 사회단체, 국가, 당 등의 공적 연결망이 거의 기능하지 못하는 상황에서 북한의 주민들은 가족, 친족, 친구, 이웃 등의 사적 연결망을 적극적으로 활용하여 생존할 수 있었다(박현선, 2003).

우리가 만난 탈북인들도 북한에서 핵가족 단위를 넘는 가족/친족의 도움으로 식량난 속에서도 삶을 지탱할 수 있었다는 점을 빈번히 언급했다. 1990년대 중 · 후반에는 모두가 살기 어려웠지만 그런 와

중에서도 친족들 간의 유대가 아직 남아 있어서 서로 도우며 위기를 넘겼다는 것이다. 흥미로운 사실은 생식가족(family of procreation) 간의 유대보다 원가족(family of origin) 사이의 유대가 더 긴밀하다는 점이다. 생식가족은 개인이 결혼하여 새로 형성한 가족이고 원가족은 개인이 태어난 가족을 의미한다. 탈북여성들의 경우 부모님이나 형제자매에 대한 유대가 남편과의 유대보다 더 강하게 남아 있는 것으로 보이며, 이러한 유대는 나중에 중국으로 간 후 먼저 연락을 취하는 대상이 남편보다는 부모님이나 자매라는 점에서도 나타난다. 북한에서는 연애결혼보다는 중매결혼이 더 보편적이기 때문에 부부 사이에 친밀감이나 애정이 결혼의 중요한 결정 조건이 아닐 수 있다. 경제난으로 인해 북한여성들은 결혼을 경제적인 생존 전략으로 선택하는 경향이 있으며, 이에 따라 부부관계의 유대가 약해지고 있는 것으로 추정해 볼 수 있다.

> "두 번째 애를 낳을 때 배급이 하나도 없었어요. 애 낳고 닷새 만에 오빠가 왔는데 잔등에다가 배낭을 지고 왔어요. 무얼 한 가득을 지고 왔어요. 보니까 강아지 있잖아요. 장모네 집에서 그것을 훔쳐 왔어요. 동생이 애는 낳았지, 쌀은 하나도 못 가져오지. 그러니까 그 강아지를 가지고 70리 길을 걸어왔어요." (Ⅱ-1)

어린 자녀가 있는 북한 주민들이 도강하여 중국에 갈 수 있었던 데는 어린 자녀들을 대신해서 돌봐 줄 가족이나 친척이 있었기 때문이었다. 탈북인들 중에는 어린 자녀들을 데리고 탈북하는 경우도 있지만, 자신이 먼저 탈북한 후 자녀들을 나중에 데리고 오는 경우도 많다. 이런 결정의 차이는 자신이 없는 동안 자녀를 돌봐 줄 가족이나 친척이 있는지 여부다. 우리가 만난 한 탈북인은 부인이 병으로 북한에서 죽은 후 열 살이 채 안 되는 아이 둘과 살다가 혼자 먼저 중국으로 왔다. 그때 아이들을 대신 돌봐 준 것은 자신의 부모님과 여동생 가족들이었다. 중국에 온 후 연락을 취해 아이들을 돌봐 달라고 부탁했고 이때 도움을 받았던 것을 나중에 부모님과 여동생 가족들을 탈북시켜 남한에 들어올 수 있게 도와줌으로써 갚았다. 또 다른 사례에서도 한 탈북여성이 어린 자녀들을 같은 동네에서 사는 자매에게 부탁하고 혼자 탈북한 후 나중에 자신의 아이들은 물론 아이들을 돌봐 준 여동생 가족을 모두 남한으로 데려왔다.

> "(큰 애가 2학년, 작은 애가 일곱 살 때 중국으로 왔어요.) 그때 우리 애들 거둬 준 게 우리 동생 우리 조카거든요. 우리 여동생 애들. (면접자: 같은 동네 사셨어요?) 다 같은 동네 있었어요." (K-1)

탈북에 성공할지 알 수 없는 상황에서, 그리고 자신들의 가족이 살아가기도 힘든 경제적 상황에서 손자녀나 조카들을 보살피고 키우는 것은 결코 작은 일이 아니다. 가족 · 친족 간의 유대와 신뢰가 이미 형성되어 있는 경우에만 가능한 선택이며, 즉각적인 보상을 기대하지 않는 장기적인 관계에서만 이루어질 수 있는 상호 부조다. 가족 구성원의 탈북을 지원하는 원가족의 존재는 북한사회에서 아직도 전통적인 사회관계망인 가족 · 친족이 사회적 자본으로 힘을 발휘한다는 것을 보여 주는 예가 될 수 있다.

북한에서의 생존을 가능하게 한 가족 · 친족 자원은 북한사회 내부에만 있는 것은 아니었다. 중국이나 일본에 친척이 있는 경우는 정말 생활이 어렵고 사정이 급할 때 의지할 수 있는 관계망을 확보하고 있는 것이다. 과거에는 중국이나 일본에 친척이 있다는 사실이 북한 주민들에게 불건전한 '성분' 조건이었지만, 이후 식량난이 심각해지자 중국이나 일본에 있는 친척은 유용한 사회적 자본으로 기능하게 되었다. 북한 주민들이 이런 친척들과 강한 유대를 가지고 있는 것은 아니지만 친척으로부터 약간의 도움을 받아도 생활하는 데 큰 힘이 되었다. 북한의 경제 사정이 워낙 열악하여 일본이나 중국과 물가 차이가 크게 나기 때문이다. 북한 주민들은 처음에는 우편을 통해 해외에 있는 친척의 도움을 받지만 점차 공식적인 경로를 통한 소통이 어려워지면서 직접 북한 외부에 있는 친척을 찾아 나서는 것으로 발전했다.

"음 뭐 어머님이 친척 도움받자고, 일본에 계신 친척이랑 연락이 되다가 끊겼어요. 그래서 도움을 받으려고 중국 가면 좀 쉽다는 얘기를 들으시고. 그래서 …… 자세한 건 어머님이 결정하셔서 떠나신 거니까 겉으로는 뭐 그런 것 같애요. 어머님이 결단을 제가 생각하기에는 친척 도움받고자 떠나신 것 같애요." (H-4)

"우리는 국경선 있는 데서 …… 그러니까 이렇게 바라다보면 친척집들이 다 보이고 옛날에는 왔다 갔다 하면서 저녁 먹고 놀러 갔다 오고 그런 처지였어요. 그러니까 친척들이 거기도 있고 여기도 있고 이런 사람들은 그렇게 되니까 거기서 많이 (식량문제를) 방지해 줬죠. …… 그렇게 해서 중국에 친척을 가진 사람은 상당히 잘 살고 재일동포 친척을 가진 사람들은

잘 살고 그런데 우리같이 암 것도 그저 친척 없는 이런 사람들은 중국에 가지도 못하고." (A-1)

이렇듯 북한에서의 가족관계는 북한에만 한정되는 것이 아니다. 탈북인들의 행보가 공간적 범위를 넓혀 가면서 가족이라는 사회적 자본은 국경과 문화권을 넘는다. 생존 단위인 가족은 역동적으로 구조를 해체하거나 재구성하면서 북한에서의 삶을 유지할 수 있게 해 주었고, 북한의 경계를 넘을 수 있게 해 주었으며, 궁극적으로 남한에 입국할 수 있게 만드는 연결고리가 되었다.

2) 부적(負的) 사회적 자본: 출신 성분과 토대

앞에서 사회적 자본의 개념을 소개하면서 사회적 자본은 "개인이 사회적 관계를 통해 다른 사람의 관심이나 도움을 얻을 수 있는 자원을 동원하는 능력"(Lin, 2001)이라고 정의했다. 또한 사회적 자본은 좁은 의미로는 '네트워크'나 '신뢰'를 의미하기도 하고, 넓은 의미로는 규범, 제도 등을 포괄하는 제반 사회관계적 자산을 포괄하는 개념이라고도 언급했다. 일반적으로 사회적 자본은 개인이 관계를 통하여 목표를 달성하거나 이익을 창출할 수 있다는 점에서 정적(正的)인 개념이다. 그러나 사회적 자본의 기능을 넓은 의미에서 생각해 보면 사회적 네트워크가 언제나 정적 이익이나 보상으로 연결되는 것은 아니며 오히려 그 반대의 결과가 발생하는 경우도 있다. 사회적 자본에 대한 선행 연구들은 사회적 자본이 창출되는 통로인 공동체의 성격이나 사회 전체 구성, 역할 관계가 국가별로, 시대적으로 다르다는 점에 주목하면서 공동체 특성에 따라 사회적 자본이 양면적 성격을 드러낼 수 있음을 지적했다(우천식 · 김태종, 2007). 어떤 공동체는 폐쇄적이고 배타적인 집단이익 추구의 결과로 정적인 외부 효과를 가져오기보다는 부적 외부 효과를 발생시킬 수 있다. 이 경우 집단 내부의 사회적 자본은 그 집단이 속한 사회의 사회적 자본 총량을 증가시키기보다는 오히려 감소시킬 수 있다. 사회적 자본이 일부 엘리트 집단의 신분, 기타 사회문화적 지대를 항구화, 구조화하는 기제로서 활용되는 폐해를 낳을 수도 있다(Bourdieu, 1986, 유석춘, 2002에서 재인용).

이러한 의미에서 북한사회에서 강조되는 토대와 출신 성분은 많은 탈북인들에게 부적인 사회적 자본으로 작용했다. 북한에서 토대란 사람들의 사회계급적 처지에 의하여 규정되는 정치적 신분이다. 출신 성분이란 "사회계급적 관계에 의해 규정되는 사람들의 사회적 구분, 곧 사람들의 사상상 구성 성분으로서 어떤 계급의 사상 영향을 많이 받았고, 어떤 계급의 사상이 그의 머릿속을 지배하고 있는가를 알기 위하여 출신, 직업, 사회생활의 경위에 의해 사회 성원을 사회적 부류로 나눈 것"(『조선말대사전』)이다. 북한사회에서 성분과 토대는 사회 정책의 기준이 되며 북한체제 작동 원리의 기본을 구성하는 것이다(김영수, 2007). 북한의 헌법과 교시에는 평등을 제시하고 있지만 이는 형식적인 평등일 뿐 실제적으로는 성분과 토대에 의한 불평등이 구조화되어 있어서, 의식주 배급에서부터 직업 배치, 교육 기회, 의료혜택, 사회 이동 및 법적 처벌, 여행 허가증 취득 등 모든 영역에서 토대와 성분에 따라 차별이 있다(김영수, 2007). 예를 들어, 김일성과 함께 빨치산 투쟁을 한 이른바 혁명 1세대의 일가친척들은 항일투사 유가족으로 최고의 특권을 보장받으며, 김 부자 연고자, 6.25 전쟁 참가자, 피살자, 유공자, 남조선 혁명가, 간부와 그 가족 등은 핵심 군중으로 분류된다(김영림, 2007). 반대로 성분이 나쁜 부류에는 6.25 전쟁 당시 한국군이 들어와서 만든 조직에 가담했던 사람이나 일제 시대에 일본 기관에서 일했던 사람, 과거 지주, 정치범과 그들의 가족 등이 속한다. 성분이 나쁜 경우 그들이 받는 정치적 · 사회적 차별이나 심리적 고통은 매우 컸다.

> "그 어떤 것이냐, 6.25 전쟁 시기에 한국군들이 들어와서 조직에 가담했던 사람들 있단 말입니다. 그리고 북한에서 6.25 때 남한으로 그때 많이 넘어온 사람들 있습니다. …… 이거 다 월남자 가족 아닙니까? 이런 사람들이 기본 나쁜 사람입니다. 그리고 그 일본아들 강점 시기에 일본아들의 그 거기에 무슨 직업에 복무했거나, 그리고 옛날 지주들, 이거 다 무슨, 아무것도 못해요. 성분 나쁜 것입니다. 나라에선 노동당 같은 건. 북한 그렇게 차별이 많아요." (P-1)

북한사회의 토대와 성분은 제도화된 사회적 자본이다. 북한은 1936년 5월 5일 '조국광복회 10대 강령'을 발표하면서 봉건적 신분제도를 폐지한 바 있으나, 실제 사회의 운영에서는 영구집권과 세습화를 위하여 신분제도를 부활시키고 더욱 강화했다. 북한의 신분제도에 대한 김영림(2007)의 연구에 따르면, 북한의 신분은 크게 간부계층, 일반계층, 동요계층, 적대계층으로 분류된다. 간부계층은 북한사회에서 특권과 특혜를 소유한 지배계급으로 다시 당 간부, 행정 간부, 군사 간부(장교), 보위 간부, 보안 간부로 세분화되며 대부분 세습적이다. 노동자, 농민, 지식인, 학생, 하급 군인 및 안전원, 하급 사무원 및 공무원은 일반인에 속한다. 동요계층은 체제 반대 위험성이 높은 계층으로 부농 출신자, 소자산가, 부르주아 성향의 지식인, 소상공인, 월남자, 인민군 포로 출신자, 재외교포, 남조선 출신자 등 다양한 부류의 사람들로 사회 진출과 생활에서 세습적인 제약을 받으며 경제적 특혜에서 배제된다. 북한에서 신분이 가장 낮은 계층은 적대계층이다. 적대계층은 과거와 현재의 지주, 자본가, 반동관료, 친 외세주의자, 정치적 반대파, 종교인, 국군 포로, 반공단체가담자 등 북한체제를 인정하지 않거나 반대하는 사람들이다. 이들은 사회적으로 분리되어 격리되고 최저 생계만 유지할 수 있는 조건만 보장받는다.

다른 신분제도의 작동 방식과 마찬가지로, 북한사회에서도 토대와 성분에 기초한 사회적 관계망은 비슷한 성분의 사람들 사이에 혼인을 함으로써 더욱 공고해지며, 이를 통해 사회적 자본이 확대 재생산된다. 필자들이 만난 탈북인들 중에는 혼인을 통해 성분 문제를 극복해 보고자 한 경우도 있었으나 결혼생활 자체가 정상적으로 이루어질 수 없어 결국 이혼으로 끝나고 말았다(A-1).

> "난 딸 하나 있는 거, 어떡하든지 대학 공부까지 시켜야지, 그래 내가 할 수 있는 일 다 해서 …… 사람 대학 공부시킨다는 게 그야말로 하늘에 별 따기예요. …… 애가 공부를 잘했단 말예요. 그러니까 의전에서 처음 밑으로 가니까 거기서 무시험으로 대학 2학년에 편입시켜 주더라고요. 우리 사위. 내가 사실 맘이 없어서 안 보내려고 그랬는데…… 당원이고, 집안이 좋고, 성분이 좋은 데로 시집가야지 살지 우리가 살아남으려면 좋은 데로 가야지, 내가 좋아서 사는가, 살기 위해서 할 수 없이. …… 거기서

는 그 차이를 이걸 빌려서 말하는데 지주와 머슴 사이가 아니라 봉건영주와 노비 그런 사이라고." (A-1)

탈북인들은 대체로 북한사회의 토대와 성분 때문에 피해를 입은 사람들이다. 탈북인들의 탈북 동기로 가장 비율이 높은 것은 식량난이고 그 다음이 토대와 성분이다. 특히 국경 지역의 함경북도나 함경남도에서 온 사람들은 월남자, 인민군 포로 출신자, 재외교포, 남조선 출신자 등 동요계층에 속하는 경우가 많았다. 이는 대건설 등을 통해 북한정부가 의도적으로 성분이 나쁜 주민들을 평양에서 멀리 떨어진 지역으로 이동시켰기 때문이다. 탈북인들이 주로 국경 지역 출신이라는 점을 떠올려 본다면 이들은 토대와 성분 때문에 북한사회 내에서는 부적인 사회적 자본을 축적할 수밖에 없는 사람들이었다. 결과적으로 북한사회의 토대와 성분은 북한사회 내부의 사회적 자본의 총량을 감소시키고 불만 세력을 양성하여 사회 구조를 불안정하게 만드는 기능을 했다. 토대와 성분 때문에 피해를 입은 사람들이 미래가 없는 북한에서의 삶을 포기하고 새로운 세계를 찾아 나서게 된 것이라고도 할 수 있다.

"조선지도 맨 끝에 토끼 밑에, 그 끝에 거기서 중국을 바라다보면 굴뚝이 연기가 올라가는 것까지 다 보여요. 남반부 출신이나 월남자 가족들을 왜 그쪽으로 보냈냐 하면, 남쪽으로 남쪽으로 이렇게 38선 거기서 멀리 보낸다고…… 중국은 사회주의국가니까 거기는 믿었단 말이에요." (A-1)

탈북인들은 자신의 탈북 사실이 북한에 알려지는 것을 매우 두려워한다. 자신이 붙잡혀서 북송되는 것도 물론 두려워하지만 자신의 탈북 때문에 남아 있는 가족들에게 피해가 갈 것을 두려워하기 때문이다. 가족 구성원의 탈북은 남아 있는 가족들의 토대와 성분에 매우 심각한 영향을 미치는 사건이다. 이전에는 부모의 출신 성분 때문에 토대와 성분이 결정되었다면 지금은 가족 중 누군가의 탈북이 북한에 남은 가족의 토대와 성분에 영향을 미칠 수 있다. 특히 가족 중 하나가 군대에 있거나 당원이거나 또는 고위층에 있을 경우, 그들의 탈북이 남아 있는 가족들에게 끼쳐질 피해가 크기 때문에 탈북인들은 남한에 온 사실은 철저하게 숨기려고 한다. 자신이 북한에서 사라진 사실 자체를 숨길 수는 없지만 도강한 후 최종 정착지가 중국이 아니라 남한이라는 사실은 남은 가족들에게 미칠 영향에 큰 차이를 가져온다.

> "그때는 남한을 생각 안 했죠. 왜냐하면 그때 당시만 해도 남한에 가게 되면 언론에 이름이 거론되고 다 발표가 돼 버려서……. 그렇게 언론에 발표가 되거든요. 북한의 가족들은 하루 아침에 모두 다 처형되고. 여기로 말하면 수용소 같은 데거든요. 그런데 다 실려 가거든요. 그러면 그다음에는 도무지 살 길이 없어요. 그때 당시 북한에 있을 때만 해도 남한에 와서 언론에 공개만 되면 사돈의 팔촌까지 다 잡아들였으니까. 그러니까 남한에 가겠다는 생각은 감히 못했지요." (I-1)

그런데 흥미로운 점은 탈북인들의 토대와 성분이 북한사회에서는 부적인 사회적 자본으로 기능했지만 역설적으로 탈북 과정에서는 정적인 사회적 자본으로 기능했다는 점이다. 많은 탈북인들에게 있어 불량한 성분의 근원은 그들 부모가 남한 또는 재외동포 출신이라는 데 있었다. 그리고 부모가 남한이나 재외동포인 사람들은 식량난이 본격화된 이후 중국이나 일본, 멀리 미국이나 캐나다에 있는 친척들의 원조를 받을 수 있었고, 종국에는 북한을 벗어나 남한에 오는 계기를 마련할 수 있었다. 북한 외부에 있는 가족이나 친족들의 경제적 지원(정기적으로든 간헐적으로든)은 궁극적으로는 이들을 북한사회 밖으로 끌어내는 간접적인 요인이 되었다. 이렇게 이들의 토대와 성분은 탈북인들의 삶의 맥락에 따라 부적인 사회적 자본에서 정적인 사회적 자본으로 그 기능을 달리하게 되었다.

3) 사회적 자본의 침식(浸蝕)

탈북인의 사례를 통해 볼 때, 북한사회는 식량난 이후 전통적 사회관계망이 취약해지고, 국가 주도의 사회주의 규범이 약화되면서 전반적으로 사회적 자본이 침식되는 과정에 있다. 사회적 자본의 개념을 설명하면서 언급했다시피 상호 신뢰할 수 있는 관계에서 비롯되는 사회적 자본은 불확실성에 근거한 거래비용을 감소시킴으로써 경제적 효율성과 생산성을 향상시킨다. 사회적 자본은 경제적 자본이나 인적 자본과는 달리 창출되는 이익이 당사자들 사이에 공유되고 나아가 공공재로서 정적인 외부 효과를 발생시킨다는 점에서 사회 갈등을 줄이고 사회의 안정성을 유지하기 위한 사회통합 기제의 핵심적 요소가 된다. 또한 사회적 자본은 관계된 사람들이 서로 신뢰를 주고받을수록 관계의 유대와 결속력이 더욱 강해지고 집단 내 신뢰의 총량도 증가한다.

북한사회는 2002년 7. 1 경제관리 개선조치(이하 '7. 1 경제조치') 이후 사회질서의 변화를 경험했다. 7. 1 경제조치는 식량난을 타개하기 위해 부분적으로 시장경제를 도입한 조치로, 시장 동향을 반영한 가격 현실화 및 화폐 임금제 등의 내용을 포함한다. 국가 부담에 의한 가격 보조금 제도의 대폭 축소, 물가와 임금 인상은 노동자들이 과거와는 달리 본인의 수입에 거의 전적으로 의존해서 생활해야 함을 의미한다(이기춘 · 정진화 · 나종연, 2007). 탈북인들에 따르면, 1990년대 중반에 이미 배급제가 유명무실해졌지만 배급제의 폐지가 공식화된 것은 7. 1 경제조치를 통해서다. 배급제 대신 장마당이나 농민시장을 통해 교환과 거래가 이루어지고, 시장의 경제 원리가 확산되면서 개인 중심의 활동이 활발해지게 되었다.

배급제가 붕괴되면서 국가 중심 체제의 공적 원리보다 시장 중심의 사적 원리가 우세해지게 되었고, 이에 따라 새로운 사회질서가 자연스럽게 등장했다. 그런데 새로운 사회질서란 기존의 질서가 붕괴되거나 재편되는 과정을 통해 나타난다. 사경제가 활성화되면서 극단적인 부익부 빈익빈 현상이 심화되었고, 돈 많은 사람이 새로운 계층으로 인식될 만큼 성분과 토대에 기초했던 북한 주민들의 의식에 변화가 생겼다. 비공식 부문에서의 소득이 극심한 편차를 가지면서 실제의 가구 소득을 결정하고 소득 수준이 생활 수준을 전적으로 결정하는 현실 속에서 소득 수준이 직업상의 지위를 대신하는 새로운 계층 지표로 자리하게 되었다(이기춘 외, 2007).

문제는 사회질서가 급속하게 변화하면서 북한사회 내 사회적 자본이 침식되었다는 점이다. 공식적인 시장체제가 제대로 기능을 하지 못하는 상태에서 교역이나 매매는 외국과의 밀거래를 통해 이루어지고, 밀거래는 관료들에 대한 뇌물증여 없이는 이루어지기 어렵다. 이러한 체제를 새로운 '먹이사슬'로 표현하면서 김영수(2007b)는 주민들이 국가의 묵인 아래 해당 업소의 당 간부들이나 담당 보안원, 보위원과 같은 사법기관 사람들에게 명절 등에 상시적으로 재정 및 물질적 후원을 제공하여 단속에 미리 대비한다고 언급하면서, 부를 축적하는 주민과 관료 사이에 공생관계가 형성되고 있다고 보았다. 북한에서는 돈만 있으면 무엇이든 할 수 있다는 탈북인들의 증언이 이를 뒷받침한다.

2000년 이후 많은 탈북인들이 탈북에 성공할 수 있었던 배경에는 관료들의 암묵적 용인과 협조가 있다. 북한의 관료들은 주민들이 주는 뇌물을 수입원으로 부를 축적하기 때문에 북한 주민들이 밀거래를 위해 중국에 왕래하는 것을 눈감아 주거나 종용하기도 한다. 또한 국경경비대에게도 도강하는 사람들의 뇌물은 큰 수입원이 된다.

> "어느 지도원이 와서 우리 식당에 와서 식사하면서 이야기하는데 …… 조금이라도 친척이 있으면 중국에 한 번 갔다 오라고. 중국이 영 잘살고, 북한은 못 살았어. 그때도 그렇게 차이가 많았지. 나도 좀 증명서 넣어 달라고 하니까 증명서를 넣어 주더라고……." (M-1)

> "(면접자: 암암리에 다 알고 그냥 돈 주고?) 예. 그러면 중국이라 하는데 연결된 보위부랑 다 끼고서리 돈 주고 이래 경비군대, 국경경비대 이런 데 돈 주면 눈감아 주고 넘겨 가고. 뭐 그 사람들은 그렇게 왔다 갔다 하는데……." (Ⅱ-9)

이러한 관료와 주민들 사이의 공생관계는 단기적으로 서로의 이익을 증가시키는 집단 내부적 사회적 자본으로 기능한다. 서로 불법 행위를 용인함으로써 상호 의존할 수밖에 없는 관계망을 형성하고, 이러한 관계망을 통하여 목적을 달성할 수 있기 때문이다. 그러나 북한사회 전체로 보았을 때 이러한 공생관계는 사회 전체의 신뢰를 침식하고 통제를 불가능하게 만드는 결과를 초래한다. 이는 사회적 차원에서의 사회적 자본의 총량을 감소시킨다. 생존을 위한 불법 행위가 불가피한 것으로 여겨지는 사회에서는 신뢰의 문화가 형성되기 어려우며, 개인적 차원의 유대를 넘어서는 사회적 연대를 만들어내기 어렵다. 이러한 사회에서 개인들이 관계망을 유지하기 위해서는 평범하고 일상적인 상호작용을 위해서도 끊임없이 비용을 지불해야 하기 때문에 관계의 안정성이 훼손된다.

북한사회에서 이러한 불신의 문화는 공적 영역에서뿐 아니라 이미 사적인 영역에까지 침범하여 사적인 유대를 침식하고 있다. 가까운 가족관계나 친족관계에서 배신이나 사기를 경험하거나, 자신이 지불해야 하는 비용을 초래할 수 있는 관계를 회피하는 현상도 나타난다. 필자들이 만나 본 탈북인 중에는 자신의 친척을 통해 인신매매를 당한 사례도 있었고, 도움을 청하러 갔던 친척으로부터 외면당한 경우도 있었다.

> "(면접자: 중국에 처음에 넘어가셨을 때 어떻게 하다가 사람을 잘못 만나신 거예요?) 근데 제일 처음에 약속을 한 사람 자체가 딴 마음 먹고 있었죠. 근데 그 사람 데려갈 때는 남도 아니고 사촌 언니거든요. 그 언니가 이미 전에 사람들 팔아먹었더라구요." (K-1)

“큰아버지 집에 있으면 조선 여자가 왔다 그러는데. 고해 바치는 게 있어요. 경찰서 가서. 그래가 고해 바치면 돈을 주거든요. 만 원을 줘요. 그러면 또 큰아버지는 잡혀 나가고 우리 큰아버지 중국돈 2,000원 벌금을 내야 돼요. 그러니까 친척이 내 큰아버지지만 부담스러워 하더라고요. 그래가지고 제가 거기 3일 있었나.” (J-1)

앞에서 언급했듯이 현재 북한에서는 개인 간 연대가 공적인 연대를 대신하는 사회 유지의 기제로 작동한다. 또한 가족이나 친족을 중심으로 한 생존 전략으로 삶을 지속시켜 나가기도 한다. 그러나 공적 영역에서 시작되는 사회적 자본 침식으로 인해 사적인 연대와 관계망이 언제까지 기능할 수 있을지는 확실하지 않다. 공적 영역에서 시작된 사회적 자본의 침식은 점차 모든 사회적 기반을 잠식할 수 있으며 바로 그런 면에서 북한사회의 불안정성을 예측할 수 있다.

2. 새로운 사회적 자본의 형성 토대

탈북인들은 북한을 탈출하여 중국에서 거주하고, 남한으로 들어올 때까지의 지난한 여정에서 사회적 자본을 형성하고 활용할 기회를 갖는다. 탈북인들이 처한 상황에서 우리는 사회적 자본 형성의 기회와 조건을 찾을 수 있었으며 이러한 조건이 어떻게 탈북과 생존, 입국을 가능하게 하는지 살펴볼 수 있었다. 이러한 조건에는 탈북인들이 같은 지역 출신이라는 점, 정책적으로 이루어지는 집단 거주 생활을 한다는 점, 비슷한 처지에 놓여 있다는 점 등이 있었다.

다음에서 구체적으로 살펴보기로 한다.

1) 국경 지역 출신: 고향 사람들

탈북인의 수가 급속히 증가함에 따라 집단의 내부적 다양성도 역시 증가하고 있기는 하지만 여전히 탈북인의 대다수는 함경북도 출신이다. 2004년 남한에 입국한 탈북인 1,894명 중 1,413명(74.6%)과 2005년 입국한 탈북인 1,383명 중에 1,007명(72.8%)이 함경북도 출신이었다. 1995년 수해로 인해 가중된 식량난은 북한이 국제 사회에 인도적 지원을 요청하면서 알려지게 되었다. 이후의 반복적인 수해와 가뭄으로 심화된 식량난이 탈북의 직접적 원인이 되었다는 사실은 잘 알려져 있다. 지역별로는 함경남도와 함경북도에서 1994년과 1995년에 정기적인 배급이 중단되어 이 지역의 초기 식량난이 가장 심각했던 것으로 추정되고 이 지역의 주민들은 식량난에서 벗어나기 위해 대규모로 국경을 넘었다(이금순, 2005).

북한과 국경을 이루고 있는 중국의 길림성 등 동북 3성 지역에는 약 180만 명 정도의 조선족이 살고 있으며 식량난 이전부터 서로 왕래가 가능한 지역이었다. 과거 중국이 북한보다 어려웠던 시절, 특

표 4-1 탈북인의 출신 지역

단위: 명

연도＼구분	평양	남포	개성	평남	평북	자강	양강	황남	황북	함남	함북	강원	기타	합계
‘03	21	4	2	47	37	8	25	18	13	149	922	24	11	1,281
‘04	42	13	8	41	37	2	55	20	16	206	1,413	32	9	1,894
‘05	20	7	2	46	35	5	44	16	21	150	1,007	25	5	1,383
‘06.6	16	4	1	40	11	5	31	9	9	94	603	27	4	854

자료: 통일부(2006). 국정감사 자료(사회문화교류본부); 통일부(2005). 새터민관련 통계.

히 중국의 문화혁명 기간 중에 많은 조선족들이 북한에 있는 친지들의 도움을 받았다. 조선족 중에는 북한에 친척을 두고 있는 경우가 많아 초기 탈북 사태 기간인 1990년대 중반까지는 탈북 주민들에게 동정적이었던 것으로 평가된다(이금순, 2005). 북한의 식량난 초기인 1995년, 1996년에 중국으로 넘어간 탈북인들은 중국에 있는 친척의 도움을 받으려는 목적을 가지고 있었다(백영옥, 2003).

식량난 이후 함경남 · 북도 국경 지대에 위치한 북한 도시나 농촌에는 단기 통행증을 끊어 중국에서 다니러 오는 사람들이 드물지 않고, 이들을 통해 중국과의 비공식적 무역이 활발하게 이루어졌다. 중국에 친척이 있는 사람들은 이들을 통해 경제적 지원을 받기도 하고, 중국에 대한 소식과 남한에 대한 소식을 들을 수 있었다. 이 시기의 탈북인들 대부분은 중국에 아무런 연고 없이 국경을 넘은 경우는 드물었고, 중국에 있는 친척을 의지해서 탈북했다.

> "중국에 이모도 있고 하니까, 그리고 북한에서 중국 쪽에 다니면 조금 도움도 받고 경제적으로 그러거든요. 그러니까 이모님이 1년에 한 번씩은 계속 다녔어요, 북한에." (Ⅱ-7)

> "그때 중국교포 아주머니가 다니면서 하는 소리가 (한국에 오면) 못해도 1,500달러는 번다…… 그러니까 계속 그렇게 말해 가지고 내가 한 4, 5년 벌어 가지고 오겠으니까." (Ⅱ-3)

이렇게 특정 지역에서 집중적으로 탈북인이 오기 때문에 남한에 온 이후에도 동향 사람으로 쉽게 관계를 맺고 친해진다. 또한 탈북인들의 연령대가 20대에서 40대에 집중되어 있어 같은 시기에 같은 지역의 학교를 다닌 사람들도 많다. 최근 탈북인들은 특정한 지역의 특정 출생코호트들로 분류되어 있어 공감대 형성이나 사회적 자본 형성에 유리한 조건을 가지고 있다.

표 4-2 탈북인의 연령 분포

단위: 명

구분 / 연도	10세 미만	10~19세	20~29세	30~39세	40~49세	50~59세	60~69세	합계
2003	46	161	345	447	160	57	65	1,281
2004	69	247	493	644	260	85	96	1,894
2005	40	184	374	475	187	53	70	1,383
2006.6	40	94	212	291	127	32	58	854

자료: 통일부(2006). 국정감사 자료(사회문화교류본부); 통일부(2005). 새터민관련 통계.

탈북인들은 스스로 놀랄 만큼 남한에서 아는 사람들을 많이 만난다. 어떤 경우에는 남한에 와서 같은 동네에 살던 사람들을 우연히 만나기도 한다. 남한에 와서 조사를 받을 때 같은 동네에서 온 사람들의 이름을 듣게 되기도 하고, 여러 탈북인 모임에서 우연히 알게 되는 경우도 있다. 이들은 같은 지역, 고향 출신이라는 것 때문에 쉽게 친해지고 서로 의지할 수 있는 관계를 형성한다. 고향에 관한 이야기, 가족이나 친척에 대한 이야기는 공동의 화제가 되어 동향 사람들끼리 쉽게 의사소통할 수 있는 계기를 마련한다. 탈북인들은 적극적으로 고향 사람들끼리 모이는 모임이나 학교 동문 모임을 만들어 정기적으로 만나 친분을 나누기도 하고, 정보를 서로 교환하기도 한다. 탈북인 사이트에 ○○년 ○○고등중학교 졸업 동문들을 찾는 글이 심심치 않게 등장하는 것을 볼 때 남한에서 북한의 학교 동문회가 가능할 정도로 비슷한 지역 출신의 사람들이 많은 것을 알 수 있다.

> "제 고향에…… 고향은 아니지만 내가 살던 그곳에서 같이 학교랑 다니고 그런…… 동생하고 같은 학년에서 공부하는 애들도 오고 그랬더라고요……. 국정원에 들어오게 되면 누가 누가 왔다는 걸 다 알게 돼요. 그분들 중에서 이름 불러 주면 내가 기억나는 이름들이 있잖아요……. 제 동창도 한 사람 들어왔더라구요." (Ⅱ-6)

> "가깝게 댕기는 친구들도 또 많아요. 같은 고향에서 온 사람들은 뭐, 오빠 오빠 하며 댕기는 분들도 있고, 엄마 엄마 하며 댕기는 분들도 있고……. 같은 데서 왔으니까 모두 앉으면 고향 이야기, 그리고 같은 고장에서 온 사람들은 그 고장 잘 알고 그러니까." (Ⅱ-9)

> "함경북도, 함경남도 저 꼭대기에 있는 그쪽에 있는 주변은 지금 거의 비어 있다고 그래요, 북한에. 여기 와서 옆집 아저씨, 뒷집 삼촌 다 만나는 거예요. 그리고 뭐 뒷집 오빠, 동네 오빠 다 만나요, 여기 와서." (실무자 바)

이렇게 남한에서 동향 사람들을 만나 지연이나 학연 중심의 사회관계망을 형성하고 그것을 사회적 자본으로 활용하는 경우도 있지만 때로 의도하지 않은 결과를 가져오기도 한다. 앞서 언급했듯이 탈북인들은 자신이 남한에 와 있다는 사실이 북한에 알려질까 봐 두려워한다. 자신이 중국이 아니라 남한에 와 있다는 것이 이미 와 있는 동네 사람들을 통해 북한에 알려지고, 그로 인해 북한에 있는 가족들이 피해를 입게 될까 염려하기도 한다. 국경 지역은 중국 휴대폰을 통해 연락이 가능하기 때문에 자신이 남한에 와 있다는 사실이 쉽게 이웃에게 알려질 수 있고, 이로 인해 탈북인의 장기 계획이 달라지는 경우도 있었다. 처음에는 몰래 남한에서 살면서 돈을 벌어 다시 중국이나 북한으로 갈 수 있을 것으로 생각했던 사람들이 남한에 와서 아는 사람들을 많이 만나게 된 후 그럴 수 있는 가능성이 희박하다는 사실을 깨닫게 된다.

> "나도 몰래 한국 들어와서 그냥 죽은 듯 어디 박혀서 돈만 벌어 가지고 훌쩍 가면 되겠다……. 이렇게 생각했는데 정작 오고 보니까 우리 마을에 사는 사람들이 한두 명이 아니고, 나를 알아보는 사람도 많은 거예요. 그러다 보니까 내가 다시 북한에 가는 건 불가능하겠다……." (Ⅱ-3)

2) 탈북 후 집단 거주 생활: 영사관, 대성공사, 하나원

같은 지역에서 왔다는 사실 이외에도 탈북인들이 서로 관계를 형성할 기회는 집단 거주 생활을 통해 주어진다. 탈북 후 한국에 입국하여 정착할 때까지 탈북인들은 몇 번의 집단 거주 생활을 거친다. 먼저 중국, 몽골, 태국 등의 영사관에서 집단 거주 생활을 하고 또 한국에 들어와서는 조사 기관이나 하나원에서 집단 거주 생활을 한다.

최근 탈북인들의 남한 입국 경로는 중국 내 영사관에 진입하거나 중국에서 몽골, 태국의 국경을 넘어 국경경비대를 거쳐 영사관에 들어가는 것이다. 중국에서는 중국 공안을 피해 다니기 때문에 탈북인들끼리 어울릴 수 있는 기회가 많지 않다. 탈북남성들은 강제 단속의 위험이 낮은 농촌 지역의 과수원, 목장 등에서 일하는 경우가 많고, 여성들 역시 조선족과의 인신매매혼 등으로 중국 농촌에 거주하는 경우가 많아서 공식적, 비공식적 사회관계망을 형성할 수 있는 기회가 많지 않다(이금순, 2005).

하지만 일단 영사관 진입에 성공하거나 중국을 떠나 몽골이나 태국으로 넘어가게 되면 남한에 입국할 때까지 집단 거주 생활이 시작된다. 공식화된 것은 아니지만 중국, 몽골, 태국에 있는 한국영사관에서는 탈북인들을 임시 수용하다가 일정한 규모로 한국에 입국시킨다. 이러한 과정에서 탈북인들은 집단 거주 생활을 하는데, 탈북인의 수가 증가함에 따라서 집단 거주 생활은 짧게는 몇 개월에서 길게는 1년이 넘는 기간 동안 지속되는 경우도 있다.

이러한 영사관의 임시 수용 시설은 탈북인들이 신변의 안전이 보장되는 상태에서 처음으로 집단 생활을 하고 같은 처지에 있는 사람들을 만나는 곳이다. 이곳에서 탈북인들은 서로 어떤 경로를 거쳐서 이곳까지 올 수 있었는지 서로 비교하기도 하고 한국에 가면 어떤 지원을 받게 되는지 구체적인 정보를 얻기도 한다. 또 이들은 같은 곳에서 생활하고 함께 왔다는 사실에 기반하여 일종의 집단적 정체감을 형성하고 탈북인 집단 내에 또 다른 작은 조직으로 기능하기도 한다.

> "어떻게 운이 닿아 한국영사관에 들어갔거든요. 거기서 1년 석 달을 있었어요. 우리가 들어가기 전에는 한 석 달, 넉 달 걸렸대요. 그런데 운이 안 좋은 거죠. 그때부터 많이 붙들리고 하다 보니까……. 우리 앞에서 내가 들어가니까 130명가량 있더라고요……. 그냥 여기 가깝게 지내는 한 언니는 우리 영사관에서 1년 3개월 동안 같이 있던 언니거든요. 그 언니하

고는 그냥 왔다 갔다(왕래하면서) 지내요." (Ⅱ-3)

"(면접자: 그럼 남한에서는 현재 누구와 함께 살고 있나요?) 지금 이 오빠하고 제가 산 지 한 달이 됐어요. 태국에서 알았어요. 태국에서 우리가 다섯 달 동안 있었는데 제 동생은 이 사람하고 같이 있었어요." (Ⅱ-2)

"여기도 보면은 같이 넘어올 때, 예를 들어서 뭐 그 베트남에서 같이 생활했던 사람들, 중국에서 생활했던 사람들. 알게 모르게 비공식 조직이 있기 때문에 그 사람들끼리는 조금 뭐라 그럴까요, 알력이라고 그럴까요. 그런 게 있습니다." (실무자 가)

이렇게 남한에 입국한 사람들은 대체로 같은 시기에 하나원에 입소하여 집단 거주 생활을 하며 정착 교육과 훈련을 받는다. 하나원은 남한에 입국한 탈북인들이라면 누구나 거쳐 가야 하는 기관이기 때문에 탈북인들의 사회적 자본 형성에 있어서 매우 중요한 곳이다. 당시 입국하는 탈북인의 규모에 따라 보통 약 100명 정도로 하나의 기(期)가 구성되며 여러 기가 동시에 집단 생활을 한다. 하나원의 공식 교육 기간은 탈북인 규모 때문에 여러 차례 변경되었는데 최근에는 10주 과정으로 구성되어 있다. 이 기간 동안 탈북인들은 하루 종일 교육을 함께 받고, 같은 기숙사에서 지내면서 하나원 동기로서 사회적 자본을 축적한다.

남한 주민들에게 학교를 통한 학연 관계가 중요한 사회관계망의 요소이듯 남한에 온 탈북인들에게 하나원은 학교를 대신하는 사회적 자본의 원천이다. 탈북인들은 하나원에서 남한생활에 필요한 공식적인 훈련을 받을 뿐 아니라 정착과 적응에 계속 영향을 미치게 되는 사회관계망을 형성하게 된다. 우리가 만나 본 탈북인들은 하나원 동기들을 가장 친하다고 여기는 경향이 높았다. 하나원 동기 중에서 관계망의 허브 역할을 하는 사람들이 있고, 이 사람들을 통해 동기 모임이 지속되거나 확대된다.

> "우리 집은 사람 모이는 장소예요. 원래 ○○기가 40명이 왔었는데 제가 거기에서 ○○부장을 했어요……. (면접자: 여기 자주 모이시는 분들은 하나원 동기분들이세요?) 하나원 동기들도 있고요, 후에 졸업한 사람들도 있고요." (Ⅱ-1)

하나원이 탈북인의 사회적 자본 형성에 중요한 또 다른 이유는 하나원을 통해 남한 사람들과 처음 접하게 된다는 점에 있다. 물론 하나원 직원보다 먼저 접하게 되는 남한 사람들이 없는 것은 아니다. 중국에서 활동하는 탈북인 지원 단체들, 종교단체 사람들, 제3국의 영사관 직원들을 만나지만 이들과의 관계는 일시적인 경우가 많다. 이에 비해 하나원 직원들과는 짧은 기간이지만 집중적으로 상호작용이 이루어지고, 남한에서의 생활에 필요한 직접적 · 간접적 서비스와 정보를 탈북인들에게 전달하는 역할을 하기 때문에 탈북인들의 사회관계망에서 중요한 역할을 한다. 탈북인들과 하나원 직원들과의 관계는 정서적인 교류가 이루어지는 관계인 동시에 실용적인 이익과 관련된 긴장 관계이기도 하다. 하나원의 직원들은 탈북인들과 개인적인 관계를 맺기도 하지만 탈북인들이 구체적인 목적을 가지고 관계를 자본화하는 것에 대하여 부정적으로 평가하기도 한다.

"여자 교육생들은 여자 선생님한테 자주 전화를 하는데요. 그런 것들이 형제자매가 없고, 친정 엄마가 없고. 꼭 필요한 경우가 있잖아요. 막연히 자기 남편이 속을 썩인다거나 아이 키우기가 너무 힘들다거나 아니면 외롭다거나 그리고 꼭 생각날 때가 명절 전후로. 아니면 엄마가 너무 보고 싶을 때 그럴 때 연락이 좀 오고 하나원에 가서 선생님을 만날 수 없을까요. 명절에 뭐 이런 식으로 연락이 오기도 하구요." (실무자 나)

"그러니까 중국에 있으면서 남한에 가면 이미 어떤 어떤 지원이 되어질 거고, 사전에 정보가 유출이 다 되어지고 오니까 실질적으로 저 사람한테 가서 내가 이거 얘기해서 뭐 어떤 이점이 없으면, 딱 손 떼고. 이런 계산머리가 많이 보이니까 좀 그렇죠. 최근에 오신 분들은 특히." (실무자 라)

"여기 하나원에서도 어느 선생님한테는 어떻게 행동해야 되고, 어떤 선생님한테는 어떻게 행동해야 되고…… 자기네들이 벌써 알음알음 전달이 되어 가고 있는 거예요……. 주거지 배정과 취적에 관련된 어떤 선생님한테는, 그 선생님한테는 어떻게 해야 된다……." (실무자 나)

3) 주거 지원 정책-영구임대아파트 단지

탈북인에 대한 정착 지원 정책 중 한 가지는 하나원 퇴소 시 영구임대아파트를 배정해 주는 것이다. 전국에 있는 영구임대아파트를 추첨을 통해 배정하는데, 서울은 경쟁률이 높아서 배정받기가 쉽지 않고, 지방으로 가는 경우에는 지방 거주 장려금을 지급한다. 그러나 탈북인들은 직업훈련이나 교육, 취업의 기회가 가장 많은 서울이나 수도권에 배정받기를 희망한다(최락인, 2006). 탈북인들이 하나원에 있는 동안 주거지 배정을 담당하는 직원들에게 좋은 인상을 주고자 노력한다고 할 정도로 이들은 주거지 배정에 큰 관심을 가지고 있다.

우리가 만나 본 서울 지역의 탈북인들은 대체로 양천구, 노원구, 송파구 등의 영구임대아파트 단지 내에 거주하고 있었으며, 같은 단지 내에 탈북인들이 집단적으로 거주하는 경향이 있었다. 이들의 주거 지역은 탈북인들이 사회관계망을 형성하고 사회적 자본을 축적하는 공간적 맥락을 제공한다. 같은 아파트 단지에 사는 탈북인들이 서로 꼭 친하게 지내는 것은 아니지만 적어도 누가 같은 아파트 단지 내에 살고 있는지는 알고 있다. 이들은 잠재적으로 연결된 관계망이며 필요한 경우에 서로 협조할 수 있는 관계망이기도 하다.

> "같은 기수 애들, 7층부터 12층까지 쭉 몰려 있는데 우리가 7층이죠. 같은 기수 7명이 그 아파트에 있어요. 그러니까 야 너네들 내려가서 얘기 좀 잘해 보라고. 걔네들이 어떻게 했나 봐요. 지금 얘가 집을 빼서 다른 사람한테 주는 게 아니고 이만 저만 일 있고 애기가 아파서 갔으니까 그래서 집 빼놓은 거라고. 믿어 안 주면 자기네가 계약서(서약서) 쓰겠다고 그랬대요. 그랬더니 관리사무소에서 알았다고 무마해 줘서 오늘 다행히도 걔네들이 일처리 다 해 놓고 대충 집을 정리했대요." (Ⅱ-7)

> "우리가 거주 배정을 할 때 사실은 인제 한 곳으로 많이 가거든요? 양천구 같은 경우에는 굉장히 많이 갔어요. …… 어쩔 때 이렇게 몇 명만 모여서 얘기 좀 하려고 하면은 어떻게 알고 또 우르르 다 와 가지고 방에 들어갈 데가 없을 만큼 이러고 하는데. 그 모여 있기 때문에 그렇게 되지 않느

냐 그런 생각이 듭니다. 한군데 모여 있기 때문에." (실무자 다)

탈북인들은 북한이 남한에 비해 지역사회가 좁고 동네 사람들끼리 친하게 지낸다는 점을 강조한다. 남한은 도시화가 급속하게 진행되어 같은 아파트에 사는 사람들끼리도 모르고 지내는 경우가 많지만, 북한에서는 그렇지 않다는 것이다. 이러한 이웃관계는 개방적인 공동 아파트 구조와 생산과 거주의 일치라는 북한의 주거 정책에서 비롯된다(박현선, 2003). 개방형 주거 공간에서 북한 주민들은 보통 문을 열어 놓고 생활하기에 이웃이 지나가다가도 손쉽게 주거 공간에 들어와 이야기를 나눌 수 있어 친밀한 관계를 형성할 수 있으며 이를 사회주의적 인간관계, 이웃관계로 발전시킨다(박현선, 2003). 따라서 탈북인들은 북한에서 이미 이웃끼리 친밀한 관계망을 형성하고 사회적 지원을 주고받는 생활양식에 익숙해져 있다고 볼 수 있다. 이러한 생활양식은 남한에 온 이후에도 같은 아파트 단지 내 탈북인들 간에 긴밀한 관계망을 형성하게 한다.

"한국 사람들 같은 아파트에 살아도 옆집 사람을 모른단 말 있잖아요. 북한은 안 그렇거든요. 다 알아요, 동네를. 그만큼 사람들이 마음을 열었다는 소리잖아요. 사람들이. 여기서는 사람들이 다 마음을 닫고 살잖아요."

(Ⅱ-4)

탈북인들이 집단적으로 거주하다 보니 이러한 영구임대아파트 단지에는 탈북인이나 그 자녀들을 대상으로 특화된 프로그램을 진행하는 종합사회복지관이 있다. 복지관의 다양한 프로그램에 참여하면서, 또 아이들을 복지관에서 운영하는 공부방에 보내면서 탈북인들은 지역사회 복지시설과 연계망을 갖는다. 복지시설의 연계망 속에서 탈북인들은 사회적응 교육 및 상담, 취업 상담 등 다양한 서비스를 제공받고 이러한 자원을 적극적으로 활용한다. 복지시설들뿐 아니라 탈북인들이 주로 다니는 교회 등 종교기관에서도 탈북인들을 위한 경제적 지원을 하고 있어 이런 지역사회 기관들이 탈북인의 사회관계망에서 중요한 자리를 차지하고 있었다.

사실 탈북인들은 집단적 거주를 별로 환영하지 않는다. 탈북인들의 대다수는 집단 거주 시설의 건립에 대해 부정적인 태도를 보이며, 집단 거주가 남한사회에의 적응을 더 어렵게 만들고 탈북인들 간의 갈등을 야기할 수 있다고 본다(최락인, 2006). 그럼에도 집단적 거주는 탈북인들의 사회관계망과 사회적 자본 형성에 중요한 영향을 미치는 요인이다.

표 4-3 탈북인의 지역별 거주 현황

단위: 명

지 역	서울	경기	인천	부산	경남	충남	대구	경북	충북
인 원	4,800 (33%)	3,406 (23%)	1,311 (9%)	668	464	467	418	403	396
지 역	대전	광주	강원	전남	전북	울산	제주	합계	
인 원	390	317	320	314	206	175	93	14,148	

주: 2008년 11월 현재, 사망 · 이민자와 주소 미등록, 보호시설 수용자 제외.
자료: 통일부 인도협력국(2009). 북한이탈주민 현황.

4) 유사한 생애사 경험

앞서 언급했다시피 최근 한국에 들어오는 탈북인들은 특정 지역 출신의 특정 출생코호트인 경우가 많다. 이들은 비슷한 시기에 태어나 비슷한 지역에서 비슷한 사회적 상황을 겪었기 때문에 생애사의 많은 부분을 공유한다. 엄밀한 의미에서 이들의 생애사를 분석하거나 코호트 분석을 한 것은 아니지만 이들이 탈북한 사유, 중국에서 생존한 방식, 남한에 입국한 경로, 가족과의 관계, 현재 겪는 문제와 어려움 등에서 일정한 패턴이 발견된다. 예를 들어, 경제적인 이유 못지않게 탈북의 배경이 된 것은 토대(성분)다. 점차 다양한 토대의 사람들이 입국하고 있기는 하지만 여전히 탈북인들의 상당수가 토대가 좋지 않아 북한에서의 삶에 한계를 느낀 사람들이다. 이들은 토대가 좋지 않아 겪어야만 했던 북한사회의 차별이나 문제에 대해 공통적으로 불만을 가지고 있다.

특히 여성들은 탈북 과정에서 경험한 개인 생애사가 유사하다. 여성들은 북한에 배우자나 아이를 남겨 놓고 온 경우도 많고, 중국에서 인신매매혼으로 새로운 남편을 만나 살았거나, 조선족이나 한족 남편과의 사이에서 아이를 낳아 키웠던 경우도 많다. 이러한 유사한 경험으로 인해 현재 당면한 관심사나 문제도 비슷하다. 중국에서 결혼하여 아이를 남겨 두고 온 탈북여성들은 아이를 한국에 데려오는 것이 좋은지, 어떻게 하면 아이를 한국에 데려올 수 있는지, 조선족 남편에 대해서는 어떻게 하는 것이 좋은지, 남편을 한국에 데려올 경우 문제는 없는지 등을 고민한다. 그리고 이런 고민거리에 대한 의논은 동년배의 유사한 고민을 가진 탈북여성과 가장 잘할 수 있다. 이들은 중국에서 같은 경험을 했기 때문에 서로를 동일시할 수 있는 조건을 가지고 있고, 서로를 통해 문제해결의 실마리를 찾거나 정서적 위로를 받는 경우도 많다.

"(면접자: 모이시면 어떤 이야기 주로 하세요?) 고로 중국 갈 생각, 누가 중국 갔댔대. 어떻게 갔을까 고래 전화번호 해 가지고 어떻게 갔냐 어떻게 갔냐 고것만 연구하죠 뭐. 고기매 자식들이 있어요." (Ⅱ-1)

3. 남한에서의 사회적 자본

1) 남한에서의 공동체: 가족

가족과 친족은 사회적 자본이 형성되고 활용되는 가장 일차적인 집단이다. 사회적 자본의 개념은 가족과 친족이 어떻게 자원화되어 개인의 생존과 복지에 기여하는지를 통해 가장 잘 드러난다. 산업화나 도시화가 진행되면서 가족의 규모가 작아지고 친족 집단의 기능과 역할이 약화되면서 일차 집단으로서의 가족이 개인에게 미치는 영향이 축소된다고 알려져 있다. 그러나 오히려 초기산업화 시기에는 소외된 농민들이 일자리를 찾아 도시로 이동하는 과정에서 가족과 친족관계망은 매우 중요한 매개 역할을 했다(함인희, 2001). 이와 마찬가지로 탈북인의 삶을 통해 나타난 가족은 부침(浮沈)을 반복하는 사회적 자본이며, 이들의 생존에 직접적으로 영향을 미치는 일차적 환경이다. 탈북인들의 목소리를 통해 어떻게 이들이 가족이라는 집단을 유지하고 있으며 또 자본화하고 있는지를 살펴보았다.

(1) 가족 불러오기 또는 가족 지원하기

최근 탈북인들이나 입국자들에게서 공통적으로 나타나는 현상 중 한 가지는 이들의 탈북 과정에 가족과 친족이 직접적으로 개입되어 있다는 것이다. 최초로 도강하여 중국에 가게 된 계기나 중국생활을 청산하고 남한에 입국하게 된 배경에는 언제나 가족이나 친족이 있다. 1990년대 후반에 중국으로 도강한 사람들의 경우에는 중국에 친척이 있는 경우가 많았고, 2000년대 이후에 탈북하여 중국이나 남한으로 온 사람들은 먼저 탈북한 가족이나 친척이 있는 경우가 많다. 북한과 국경을 이루고 있는 중국의 길림성 등 동북 3성 지역에는 약 180만 명 정도의 조선족이 살고 있고, 이 지역은 식량난 이전부터 북한 주민과 왕래가 가능한 곳이었다. 식량난 초기인 1995년과 1996년에 중국으로 넘어간 탈북인의 대부분은 중국에 있는 친척의 도움을 받으려는 목적을 가지고 있었다(백영옥, 2002).

통일부에서 발표하는 공식적인 통계자료에도 가족 동반 입국자가 증가하는 추세가 나타나는데, 이 통계에는 먼저 입국한 사람들이 가족을 데려오는 사례가 포함되어 있지 않기 때문에 실제 가족을 통해 입국한 사례는 훨씬 많을 것으로 추정된다.

우리가 만난 탈북인들 중에는 중국에 친척이 있어서 이를 의지하고 도강했다고 한 사례가 많이 있었다. 첫 번째 연구 참여자 23가족 중에서 중국에 친척이 있다고 한 경우가 총 11가족이고, 두 번째 연구 참여자 10명 중에서 중국에 친척이 있다고 한 경우는 4명이었다.

> "중국에 이모도 있고 하니까. 그리고 북한에서 중국 쪽에 다니면 조금 도움도 받고 경제적으로 그러거든요. 그러니까 이모님이 1년에 한 번씩은 계속 다녔어요. 북한에." (Ⅱ-7)

> "음 뭐 어머님이 친척 도움받자고, 일본에 계신 친척이랑 연락이 되다가

끊겼어요. 그래서 도움을 받으려고 중국 가면 좀 쉽다는 얘기를 들으시고. 그래서 …… 자세한 건 어머님이 결정하셔서 떠나신 거니까 겉으로는 뭐 그런 것 같애요. 어머님이 결단을 제가 생각하기에는 친척 도움받고자 떠나신 것 같애요." (H-4)

그러나 대부분의 탈북인들은 친척이 중국 어느 지역에 있다는 것은 알고 있었지만 주소를 확실히 아는 것은 아니었고 왕래가 있었던 것도 아니었다. 탈북인들은 중국에서 통행증을 받아 북한에 드나드는 사람들을 통해서 중국에 가면 쉽게 돈을 벌 수 있다는 이야기와 중국돈 얼마면 북한에서 훨씬 더 여유를 가지고 살 수 있다는 정보를 듣게 되면서 중국에 가 보고 싶다는 생각을 갖는다. 이 생각을 가지게 되면 이제 중국에 있는 친척을 찾아 도강할 계획을 세우게 된다. 막상 중국에 가서 친척들을 찾으면 며칠 머물면서 남한에 대한 정보를 얻는 것이 고작이다. 하지만 중국에 찾아가 볼 수 있는 친척이 있다는 사실 자체가 탈북을 감행하게 하는 요인이 된다. 대체로 중국어를 전혀 하지 못하는 상태에서 말이 통하는 사람, 자신의 탈북을 신고하지 않을 사람이 있다는 것은 탈북 결정의 단초가 된다. 예상과 달리 중국 내 친척들은 탈북인들에게 큰 도움이 되지 못하는 것으로 보인다.

"그 친척분들 도움도 별로 받은 것도 없어요. 친척분들도 저희한테 별로 해 준 것도 없고 아무리 뭐, 자기 할아버지 같지만 그래도 해 준 것 없고. 그분들이 그게 다 뭐…… 그렇게 사는 거죠. 우리끼리 돈 벌어서 우리끼리 해서 그냥 사는 거죠. 그분들이 도와준 거 하나 없죠." (U-2)

탈북인들은 북한에 있을 때부터 탈북 계획을 오랜 기간에 걸쳐 간접적으로 식구들에게 전달한다. 구체적인 계획에 대해서나 탈북 과정에 대해서 직접적으로 가족끼리 상의하지는 않지만 다양한 경로의 의사소통을 통해서 중국이나 남한으로 갈 계획을 노출한다. 이들은 간접적으로 탈북을 언급함으로써 가족들에게 마음의 준비를 시키며, 어느 날 자신이 사라지면 중국이나 남한으로 간 것으로 생각하도록 하고 있었다. 또한 자신이 탈북에 성공할 경우 언제까지 연락을 하겠다는 기별을 남겨 두기도 한다. 이를 통해 북한에 남아 있는 가족들은 가족 중 누가 어느 날 사라지더라도 중국이나 남한으로 갔을 것을 예측할 수 있고, 연락이 오기를 기다리게 된다.

> "2002년부터 생각을 했는데, 2004년에 결국은. 그러니까 다른 사람들한테는 말 안 해도 우리 형제들 있을 때는 내가 갑자기 없어지면 한국 갔을 줄 알라우 그런 농담했었거든요……. 그러니까 내가 계속 그런 농담하니까 오죽하면 우리 언니가 그런 농담하고서 2년이 지나니까 야 간다 간다 하고선 애 셋 낳고 간다더니, 니가 그 꼴이라고 언제 간다고 그런 농담을 (하더라구요)." (Ⅱ-3)

> "우리 언니들한테랑 내가 살아만 있으면 3년 안에 몇 번 소식 보낸다. 3년 안에 소식 없으면 그냥 죽었거니 하라우. 그냥 내 딸이나 잘 키워 달라우. 이런 식으로 말했었거든요." (Ⅱ-3)

> "(남편한테) 간다고 말했는데 언제 간단 소리는 못했죠. 내 이제 가야 될 것 같다 이런 얘기를 했거든요. 근데 정확히 언제 갈지는 모르죠……. 그니까 간다는 건 아는데 어느 날 가는지 모르는 거예요. 몇 번 가려고 나왔

다가 일이 안 돼서 또 들어가기도 했었어요." (Ⅱ-5)

탈북인들이 탈북을 결심할 수 있었던 것이나 탈북에 필요한 정보를 얻는 데 먼저 탈북한 가족이나 친척이 큰 힘을 발휘했다. 필자들이 만나 본 탈북인들 중에는 이미 가족을 불러온 사람도 많았고, 아직까지 불러오지는 않았지만 계획을 세우고 경로를 찾고 있는 사람들도 많이 있었다. 이들이 탈북할 당시부터 탈북과 남한 입국에 성공하면 가족을 불러오겠다고 계획하는 것은 아니다. 그러나 남한에 와서 자신의 일차적 생존과 안전이 보장되면 북한에 있는 가족에게 연락을 취하기 시작한다. 중국 번호로 등록된 휴대폰을 통해 연락이 가능하기 때문에 휴대폰을 사서 북한에 있는 가족에게 들여보내고 날짜를 정해 연락을 한다. 북한에서는 전화를 켜 놓고 있지 못하기 때문에 평상시에는 전화를 꺼 놓고 있다가 정해진 날(명절 때 혹은 매달 몇 번째 일요일 등) 북한에 있는 가족이 먼저 연락을 취한다. 이렇게 연락을 주고받다 보면 서로의 상황에 대해 잘 알게 되므로 필요에 의해서 가족을 탈북시키기도 한다.

탈북인들은 남한에 와서 가족들과 함께 사는 탈북인들을 보면서 가족에 대한 그리움이 더 커지기도 하고, 남한 사람들이 살아가는 모습을 보면서 가족에 대한 생각을 더 자주 하게 되기도 한다. 또 브로커를 통해서 비교적 단기간에 가족들을 데려올 수 있다는 정보와 경로를 알게 되면 가족을 추가로 탈북시키고자 하는 갈망이 생긴다.

"(남한에 와 애기 낳고 너무 외로워서) 애기 낳고 다음에 전화했더니, 막내가 울면서 막 전화했더니 언니들이 너무 가슴이 아파 가지고 아무래도 안 되겠다, 우리 인생 망치더라도 가서 그냥 힘들어도 여기보다 노력하면 낫겠지, 여기서도 살아났으니 거기 가서 우리 그냥 뭐 형제끼리 모아서 서로 도와주면서 그냥 살아 보자. 그래 가지고 큰 결심을 하고 (탈북해서 오고 있는 중이에요.)." (Ⅱ-8)

"하나원에서 만났고 정말 아주 가깝게 지내는 동생이 있는데, 걔는 다 왔더라고요. 엄마, 아빠, 오빠, 형님 그러니까 새언니. 이미 전에 선두주자가 있어야 그런 게 있는 것 아니에요? 걔 오빠가 한 5년 전에 먼저 왔더라고요. ……걔네 아빠하고 우리 아빠하고 되게 또 친해요. 친해 가지고 아빠가 걔가 전화로 말하는 게 자기네 아빠도 자꾸 우리 아빠 얘기한다고. 왔으면 좋겠다고, 같이 왔으면 좋겠다고." (Ⅱ-3)

이렇게 먼저 남한에 온 탈북인들이 정착하고 북한이나 중국에 있던 다른 식구들을 추가적으로 데려오면서 이들의 가족관계망은 자연스럽게 확대된다. 우리가 만난 한 가족은 평소 중국에 드나들던 아들(사례 O-1)이 먼저 남한에 입국한 후 부모(사례 M-1 부부)와 나머지 형제자매들(사례 M-2, M-3, M-4)을 탈북시켜 데려왔고, 다시 이 부부(사례 M-1 부부 중 부인)는 북한에서 어렵게 살고 있던 자신의 여동생과 그 가족들을 탈북시켜 남한으로 데려왔다. 가장 먼저 온 아들(사례 O-1)이 남한에서 다른 탈북인을 만나 결혼하여 아기를 낳았다. 그(사례 O-1)가 입국한 지 만 5년이 채 안 돼서 북한에 있던 가족의 추가 탈북, 결혼, 출산을 통하여 가족이 총 11명으로 늘어나 가족관계망이 확대된 셈이다.

먼저 남한에 온 사람들은 북한이나 중국에 있던 나머지 식구들을 데려오는 중개자 역할을 할 뿐 아니라 나중에 온 식구들이 새로운 사회에 빨리 정착할 수 있도록 돕는 지원자의 역할을 한다. 가족들이 순차적으로 온 경우에는 나중에 온 사람이 빨리 정착하고 적응할 수 있도록 각종 정보, 대리 의사결정, 도구적 지원을 아끼지 않는다. 먼저 남한에 온 사람들의 경험은 그대로 나중에 온 가족원들의 적응을 돕는 자원이 된다. 개인적 자본이 가족 내에서 축적되고 활용되면서 사회적 자본으로 발전하게 된다.

> "우리 오빠가 오자마자 날 학교 들어가라 그랬어요. 사람이 사람 무리에 들어가 있어야지 혼자 놀고 앉아서 쫌돈(생계비를 의미) 만지작거리면 머저리된다고. 그래 가지고 오니까 오자마자 학교 들어가라, 들어가고 취직해라 생계비 절대 바라보지 말라고……. 그래 우리 오빠가 나보고 이렇게 말하면 안 되지만 오도청 가지 말아라. 도움될 것 없다. 너 가지 말라고 그러더라구요." (Ⅱ-5)

또한 남한에 있는 탈북인 가족들은 서로 자원을 공유하거나 도구적 지원을 서로 교환하면서 경제적 자산을 극대화시키는 전략을 사용하기도 한다. 정착금을 받을 때는 정착금의 규모를 최대화하기 위해서 세대를 분리하지만, 일단 정착금을 받고 나면 가깝게 살면서 상호작용하고 자원을 공유한다. 탈북인들 중에는 가족기업을 운영하면서 생계를 공유하는 경우도 있다.

> "(면접자: 부모님 댁에 가끔 가세요?) 일주일마다 가죠. 그리고 집에 자주 와요, 또. 휴일 날마다 집에 와서 뭐 청소도 해 주고 그래요. 막 회사 나갈

땐 정신이 없죠, 아침에는. 막 그럼 다 팽개치고 나가요. 또 우리 엄마가 와서 청소도 해 주고 부식물도 싸다 넣어 주고 그래요." (Ⅱ-5)

한편, 모든 탈북인들이 북한이나 중국에 있는 가족들을 남한에 데려오려고 계획하는 것은 아니다. 탈북인들 중에는 남한생활이 자유롭긴 하지만 경제적으로 자립하여 생활하기가 쉽지 않다는 것 때문에 북한에 있는 식구 데려오기를 주저하는 경우도 많다. 정착금 지원이 있지만 지원 기간이 지나고 나면 그 이후의 생활이 보장되지 않고, 남한사회에서 느끼는 문화적 차이, 탈북인에 대한 편견 등으로 인해 남한보다는 북한이나 중국에서 사는 것이 낫다고 느끼는 경우도 있다. 특히 어린 자녀가 있는 경우에는 남한에서 아이를 키우는 것이 녹록치 않다는 사실 때문에 더 주저한다.

"가족은 데려올 생각이 없어요. 왜냐하면 한국 생활이 원래 힘들잖아요. 근데 부모들 같은 경우에는 어…… 근데 사실 돈만 있으면 북한도 먹고 살기 편하거든요. 왜냐하면 거긴 물가가 더 싸니까. 여기서 1,000원 내고 사려면 저기서 뭐 여기서 뭐 여기서 1,000원 내고 살 돈을 거기서는 여기 돈 1원 내고도 살 수 있거든요. 물가가 싸니까 돈만 있으면 북한에서 살기 좋아요. 왜냐하면 거기가 또 공기가 좋아요, 한국보다. 에…… 공해 같은 게 없잖아요. …… 그리고…… 뭐라고 할까…… 한국은 사회가 보면은, 거짓이 많은 것 같아요. 한국사회가." (Ⅱ-4)

탈북인들 중에는 남북한의 경제적 수준 차이로 인해 남한에서 생활비를 보내면 브로커 비용을 감안하더라도 북한에서 훨씬 여유롭게 살 수 있다는 사실 때문에 식구들을 불러오는 대신 생활비를 보내기로 결정을 내린 경우도 있다. 남한에 온 탈북인들은 중국이나 북한에 있는 가족들에게 비정기적으로 생활비를 보내고, 북한에 있는 가족들은 그 돈으로 비교적 여유 있는 생활을 할 수 있다. 남한과 북한의 경제 상황을 단순하게 비교하기는 어렵지만 2006년 북한의 1인당 GNI가 1,108달러였던 것을 감안한다면 남한에서 100달러 보내는 것으로 북한의 가족이 한 달 생활비로 쓸 수 있을 정도다.[1] 남한에 있는 탈북인들이 매달 정기적으로 생활비를 보내는 것은 아니지만 돈을 모아 한 번에 수백만 원을 보내면 북한에 있는 가족들에게 큰 자원이 된다.

"처음에 그 와 가지고 자기 회사도 다니고 돈도 좀. 그래 가지고 제가 막 수소문했어요. 그 저처럼 온 애들이 집에도 돈을 보내는 애들이 많더라구요. 알아보니까. 그래서 막 수소문했더니 저기 한 기수 나온 애가 하나 그 전문 브로커를 알려 주더라고요. 돈을 보내 주고 거기서 몇 프로를 뜯어 먹고, 그런." (Ⅱ-8)

"북한에 있을 때는 그런 생각을 못했는데 여기 와서 보니까 그냥 맹목적으로 그렇게 살게 해서는 안 되겠다 싶어 가지고 내 동생한테 좀 (딸에게) 개별 선생이랑 붙여 가지고 피아노도 시키고 영어 공부도 좀 시켜라……. (면접자: 피아노 선생님이랑 영어 선생님을 구할 수 있어요?) 네. 돈만 주

1) 2003년 10월 남과 북이 합의한 바에 따르면 북한측 개성공단 최저임금은 기본급 50달러에 사회보험료 7.5달러다. 2006년 기준 1인당 GNI은 남한이 1만 8,372달러인 반면 북한은 1,108달러로 남한이 북한의 16.58배다(통계청(2007). 남북한경제사회상비교).

면 돼요. 옛날에는 그런 거 생각도 못했었는데 이거 배급 안 주고 이러면 서부터 선생님들도 먹고 살아야 되는데 방법이 없잖아요. 그냥 돈 주겠다고 하면 와서 해 줄 사람 많아요. 오히려 북한에서는 적은 돈 가지고."

(Ⅱ-3)

(2) 가족처럼 지내기

앞에서 언급한 사례들이 혈연관계의 가족 · 친족이 탈북과 남한 정착을 돕는 사회적 자본의 기능을 한 경우라면, 혈연관계는 없지만 가족과 같은 친밀한 관계를 형성하면서 탈북인 사이의 인맥을 사회적 자본화하는 경우도 있다. 이들은 남한에 가족이나 친족이 없지만 탈북인 이웃들과 매우 가깝게 지낸다. 필자들이 탈북인들의 집으로 면접을 나가면서 발견한 것 중 한 가지는 탈북인의 집에 가족이 아닌 누군가가 함께 있는 경우가 많다는 것이었다. 탈북인들과 면접 시간 약속을 하다 보면 저녁 식사 시간에 가게 되는 경우도 많이 있었는데, 손님이 와 있을 만한 시간이 아닌 때에도 가족이 아닌 다른 사람들이 있는 경우가 많이 있었다. 이들 중에는 혼인신고를 하지 않고 함께 사는 동거인들도 있었지만 꼭 그런 경우만 있는 것은 아니고, 성별에 관계없이 가족처럼 친하게 지내는 사람들도 있었다.

"우리 집에서 많이 모여요. 밥도 많이 해 먹고. (면접자: 몇 분쯤 모이세요?) 한 20명이죠. 근데 지금 일요일날은 좀 많아요. 애 때문에 일 못 나가고, 아파서 일 못 나가고 이런 애들이 많아요. 내가 없어도 집에서 이렇게 자주 텔레비전도 보고 이래요. (면접자: 주인 없이도 드나들고 그래요?) 내 키랑 열쇠고리랑 다 있어요. 그래서 항상 여기 모여요." (Ⅱ-1)

"식사 우리 집에 와서 하기도 하고 그래요. 혼자 사니까. 또 올 때 같이 왔어요. 떠날 때부터 같이 떠났었어요. 같은 우리 오빠 친구였어요. 친구였는데 오빠가 내 혼자 못 오잖아요. 그러니까 부탁한 거예요. ……집을 우리 앞에 받아 놓았잖아요. 바쁘면 식사도 하고 또 아침에 내 일 가면 늦게 나가면 집에서 밥해 먹고 그래요." (Ⅱ-5)

이렇게 가족처럼 지내면서 가족관계를 대체할 만큼 친밀하고 신뢰할 수 있는 관계를 만듦으로써 탈북인들은 낯선 사회에 적응할 수 있는 기본적 인간관계 토대를 만들고 나아가 사회관계망 확장의 기초를 놓는다. 특히 가족과 함께 탈북하거나 남한에 입국하지 못한 사람들은 가족과 유사한 관계를 만들어 가족이 없다는 사실을 스스로 보상하며 정서적 위로를 삼는다. 탈북인들이 '가족처럼 지내는 관계'를 형성할 수 있는 데에는 두 가지 배경이 있다.

첫 번째로는 탈북인들은 누구나 지난한 탈북의 과정에서 생사를 넘나들었던 경험을 공유하고 있다. 구체적인 방법과 시기는 다르지만 이들은 모두 가족과 헤어진 적이 있고, 목숨을 걸고 국경을 넘은 적이 있다. 이러한 공통된 경험으로 인해 탈북인들은 서로 쉽게 공감대를 형성하고 가족처럼 친밀해진다. 두 번째로 앞서 언급했다시피 북한사회의 사회주의적 인간관계는 자신이 소속된 지역과 조직에 열려 있고, 거기에 적극적으로 참여하는 인간관계다. 북한 주민들은 이웃에게 자신의 집을 공개하거나 서로의 집을 방문하는 일에 익숙하다. 북한에서 이미 이러한 생활양식에 익숙해져 있던 탈북인들은 남한에서도 가족처럼 지내는 것이 가능하며 이를 통해 사회적 관계에 친밀성을 부여한다.

2) 남한에서의 공동체: 탈북인 단체

탈북인들의 사회문화적 적응과 사회통합에 있어서 소속감은 매우 중요하다. 새로운 사회에 온 탈북인들이 이방인이나 손님으로서의 정체감이 아니라 사회 구성원으로서의 정체감을 가지기 위해서는 다양한 통로를 통해 사회와 연결되어야 하며, 이때 통로 역할을 하는 것은 공식적, 비공식적 사회단체들이다. 탈북인들이 주로 참여하는 단체들은 탈북인들의 남한생활 정착을 위해 활동하는 정부 주도의 지원 단체에서부터 탈북인들이 자발적으로 형성한 탈북인 모임까지 다양하다. 또한 탈북인들의 자발적인 모임에도 탈북인들의 이해관계를 대변하고 정치 세력화하는 모임이 있는가 하면 단순한 사교적 모임이 있다. 공식적이든 비공식적이든 이러한 다양한 모임과 관계망들을 통해 탈북인들은 소속감을 느끼고 잠재적인 사회적 자본을 개발해 나간다.

탈북인들을 대상으로 운영되는 공식적인 단체에는 '이북5도위원회' '북한이탈주민후원회', 65개 민간단체로 구성된 '북한이탈주민민간단체협의회' 등이 있다. 이 단체들은 관련법에 근거하여 설립되어 정부의 예산 지원을 받아 탈북인과 관련된 지원 사업을 하는 남한사회의 탈북인 지원 단체들이다. 다시 말해 운영 주체가 남한정부이거나 복지기관들이다.

이 중에서 북한에 고향을 둔 실향민 사업을 주로 하던 이북5도위원회는 탈북인을 대상으로 하는 프로그램을 포함하면서 사업의 범위를 확대하였다. 이북5도위원회에서는 북한이탈주민의 남한사회 조기 정착을 위하여 '주말 통일학교'를 운영하고, '북한이탈주민의 날' 행사를 벌이며, 이북도민과 북한이탈주민 간 가족결연 사업 등을 추진한다. 특히 주말 통일학교는 탈북인을 대상으로 매월 운영되는 생활법률, 자격증 관련 교육 강좌로(이북5도위원회 홈페이지 참조), 참여자의 수가 많기 때문에 탈북인들 간 네트워킹이 일어나는 주된 장소와 기회로 이용되고 있다. 탈북인들은 교육적인 목적보다는 관계망 확대의 목적을 가지고 주말 통일학교에 참여한다. 예를 들어, 통일학교 모임에 가면 새로 사업을 시작한 탈북인들이 자신의 사업을 광고하기도 하고, 브로커 활동을 하는 탈북인들은 이곳에서 수요를 개발하기도 한다. 주말 통일학교는 탈북인들 사이에 정보가 교환되는 매우 중요한 장이다.

> "여기 5도청이라는 데. 거기 북한 사람들 한 달에 한 번씩 모이거든요. 젊은 사람은 젊은 사람끼리. 그래 모이면은 서로 브로커 하는 사람들은 자기 명함장 돌리면서 자기 브로커라고. 그다음 고추장 만드는 사람들은 지가 고추장 만든다고 다 이렇게 명함장 이만큼씩 나눠 줘요." (Ⅱ-5)

> "한 달에 젊은 사람들 한 번. 노인들 한 번. 나이별로 한 달에 한 번씩 있어요. (면접자: 많이들 오세요?) 일 안 하는 사람들만 가죠. 직업이 없는 사람들만." (Ⅱ-5)

북한이탈주민후원회는 「북한이탈주민의 보호 및 정착 지원에 관한 법률」이 제정되면서 설립된 조직이다. 북한이탈주민후원회는 탈북인의 생활안정 및 사회적응을 돕는 후견자 역할, 민간 자원을 조직화하는 민간 지원 단체의 구심점 역할, 정부와 민간의 가교 역할을 수행하기 위해 설립되었다(북한이탈주민후원회 홈페이지 참조). 북한이탈주민후원회의 예산은 통일부에서 지원되는데, 주로 정착도우미 사업, 탈북인들의 경조사 지원, 종합생활상담센터 운영, 대국민 캠페인, 민간단체 지원 사업, 각종 후원 및 위로행사 개최 등에 투입된다. 이러한 사업 내용에서 드러나듯이 북한이탈주민후원회는 탈북인들을 대상으로 직접적인 서비스를 제공하는 전달 체계의 역할보다는 민간단체들을 지원하는 역할을 한다. 우리가 만난 탈북인들 중에는 북한이탈주민후원회를 통하여 직업을 알선 받거나 상담을 받은 사람들도 있었다.

> "북한이탈주민후원회라고 있거든요? 그걸 또 어떻게 알았어요. 지금 사는 애기 아빠가 먼저 왔으니까 그걸 알려 주더라구요. 거기 찾아가 상담을 해 봐라. 그래 가지고 거기 찾아가서 상담을 이렇게 하니까, 잘 찾아왔다고 그러면서 며칠 있다가 연락이 와서 가니까 옷 파는 매장에 연결을 해줬어요." (Ⅱ-8)

탈북인 관련 민간단체들은 종교기관이나 복지재단에서 주로 운영하고 있으며, 탈북인들의 정착 지원, 적응을 돕기 위한 교육이나 상담, 직업훈련이나 취업 알선, 남북한 주민의 교류 지원, 신앙 교육 등의 사업을 주로 한다. 1999년 11월 창립총회를 가지고 구성된 북한이탈주민지원 민간단체협의회는 65개 민간단체로 이루어진 탈북인 관련 연대 지원망이다('부록 2' 참조). 이 협의회에서는 정기적인 워크숍, 심포지엄, 세미나, 운영위원회를 통해 탈북인을 지원하는 단체의 실무자 교육, 자원봉사자 교육, 공동 사업 추진 논의를 주요 활동으로 한다. 이 협의회는 정착 지원 분과, 지역복지 분과, 아동·청소년 분과로 운영되고 있다. 실제 탈북인들에 대해 서비스를 제공하는 직접적인 전달 체계는 이 협의회에 소속된 민간단체들이다.

정부의 예산으로 운영되는 이북5도위원회나 북한이탈주민후원회 외에도 탈북인들의 자조 모임으로 결성된 비영리단체들도 수십 개 있다. 이러한 탈북인 단체들은 탈북인들에게 북한 소식, 탈북인 소식 등에 대한 최근 뉴스를 제공함은 물론 홈페이지와 카페를 운영하고 있어, 채용 정보, 교육 정보를 제공한다. 예를 들어, 탈북인들의 참여가 가장 활발한 사이트 중 하나인 '탈북자동지회' 홈페이지에는 사람찾기, 정착 지원방, 토론방, 자유방, 질문방, 지역 모임 등의 코너가 있어 탈북인들 간의 정보 교류가 매우 활발하게 이루어지고 있다. 사람찾기 코너에서는 북한이나 중국에서 헤어진 가족이나 친척을 찾는 내용이 주를 이룬다. '함경북도 무산군에서 살던 ○○를 찾는다.' 라든가 '회령에서 오신 ○○어머니를 찾습니다.' 등의 내용을 쉽게 접할 수 있고, 댓글에는 주로 같은 지역에서 온 사람들이 인사를 남겨 놓는 것을 볼 수 있다. 질문방에서는 중국비자, 미국행, 정착 지원 내용에서부터 브로커 비용까지 구체적인 사안에 대한 질문과 대답이 탈북인들 사이에서 공유되고 있으며, 지역 모임에서는 고향 친구, 북한에서의 학교 동창을 찾는 모임까지 온라인, 오프라인 모임 활동이 이루어지고 있다.

이외에도 회원들만이 사용할 수 있는 인터넷 대화방이 있어서 실시간으로 채팅이 가능하다. 이러한 탈북인 단체 사이트는 탈북인들이 익명으로 활동할 수 있기 때문에 자유로운 의견 개진이 가능하고, 신분 노출의 위험 없이 구체적인 정보를 수집하는 것이 가능하

표 4-4 탈북자동지회 사이트 지역 모임 게시판 예시: 2008년 3월

함경북도 회령에서 오신 분들 모이세요
경성에서 온 분들
96년 졸업 경성군 졸업생님들
무산 성천고등중학교 00년 졸업생들 모여랏

기 때문에 자연스럽게 탈북인들이 정보 교류의 중심 역할을 담당하고 있다.

> "그런 정착협회 같은 협회들(사이트) 여러 개 있어요. 그런데도 자주 들어가 봐요. 그런 데는 그저 뭐 같이 온 사람들에 대한 것들 다 거기 다 나오고 하니까 궁금해서 보거든요. 그런데 또 혹시 직업 소개도 나와요. 직업 일자리도 나오고 그런 데 조금 그래 봐요." (Ⅱ-5)

수십 개의 탈북인 자조 단체들 사이에는 긴장 관계도 있다. 2007년에는 '탈북자동지회' '숭의동지회' '통일을 준비하는 귀순자협회' '백두한라회' 등의 탈북인 단체들이 모여 '북한민주화위원회'라는 연합 조직을 결성한 바 있으며, 2008년에는 다시 다른 단체들이 모여 '탈북인단체총연합'을 결성했다. 일부 탈북인 단체들은 상대적으로 생긴 지 오래된 탈북자동지회나 숭의동지회 같은 단체들이 탈북인들의 정착을 지원한다는 명목으로 동시에 탈북인에 대한 사회적 통제를 시행하는 관변단체라고 비판한다. 탈북인단체총연합을 결성한 '북한민주화운동본부' '겨레선교회' '기독교사회책임 탈북동포회' '자유북한인협회' '기독북한인연합' '열방샘교회' '탈북문화예술인총연합회' 등의 단체들은 좀 더 직접적으로 탈북인들의

이익을 보호하고 대북한 정치적 사업을 하는 탈북인 단체들이다. 이름을 통해 드러나듯이 이 탈북인 단체들은 보다 확실한 정치적 성격을 띠고 있으며, 탈북인들의 이해관계를 대변하고 탈북인들을 정치세력화하는 통로 역할을 적극적으로 하고 있다. 탈북인단체총연합은 2008년 3월에는 27개 탈북인 단체로 결성되었는데 여기에는 탈북자동지회나 숭의동지회 등은 참여하지 않았다. 현재 남한에 거주 중인 탈북인의 수가 1만 3,000여 명이라고 할 때 이러한 탈북인 자조 단체의 숫자는 적은 것이 아니다. 탈북인단체총연합은 결성되자마자 통일부로부터 지원받는 북한이탈주민후원회를 상대로 탈북인에 대한 예산 집행 과정과 의사결정 과정에의 참여를 보장해 줄 것과 탈북인을 위한 사회적 일자리 창출을 공식적으로 요구하면서 정치적 행보를 시작했다.

최근 탈북인들이 경제적인 문제를 가장 중요한 탈북 사유라고 언급하는 것에 비해 탈북인 자조 단체들은 북한 민주화, 북한 인권 문제해결, 김정일 정권 종식 등의 정치적 명분을 내세워 활동한다. 최근에는 탈북인들의 수기, 북한 정권에 대한 비판 내용 등을 전단지로 만들어 풍선에 달아 북한으로 보내는 일을 활발하게 진행하기도 했다(〈동아일보〉, 2008. 12. 2). 이러한 단체들은 탈북인들이 연대할 수 있는 명분과 규범을 제공하고, 이들이 이해관계를 관철시킬 수 있도록 세력을 모으는 사회적 자본의 기능을 한다.

> "……이날 창립대회에서는 기독교사회책임탈북동포회, 자유북한인협회, 기독북한인연합, 열방샘교회, 탈북문화예술인총연합회, 평화의 집 등 총 27개 단체장들이 참석해 창립에 동참했으며, 대표에는 한창권 탈북인단체

총연합 출범준비위원장(자유북한인협회 대표)을 선출했다. 또 사무총장에는 한종구 탈북문화예술인총연합회 사무국장이, 대변인에는 이민복 기독북한인연합 대표가 임명됐다. 한창권 대표는 인사말을 통해 "같은 탈북인 단체장으로서 탈북인 분열정책에 우리 모두 희생돼 서로를 미워하고 배척했던 것을 반성한다"며 반목과 질시를 반복했던 지난날을 청산하고 아직 연합회에 동참하지 않은 숭의동지회, 탈북자동지회 같은 관변단체들이 연합회에 동참해 줄 것을 희망했다.……" (〈크리스천투데이〉, 2008. 3. 19)

탈북인 단체 외에도 탈북인들이 모여서 사회적 자본을 축적할 수 있는 대표적 장소는 다양한 교육 및 직업 전문 훈련 기관들이다. 이러한 직업 전문 훈련 기관들은 탈북인을 대상으로 직업훈련을 제공할 때 훈련비가 지원되기 때문에 탈북인들을 위한 특별 취업반을 운영하는 경우가 많다. 탈북인 측에서는 정착 지원을 위하여 직업훈련을 받거나 자격증을 취득하는 경우 최고 1,540만 원까지 장려금을 지원받는다. 최근 탈북인의 경우 자격증 취득 시 200만 원의 장려금이 지급되며, 직업훈련 과정 수료 후에는 장려금이 120만 원 지급된다. 장려금 외에도 훈련 기간 중 직업훈련 수당 월 30만 원(단독 가구 기준)을 지급하기 때문에 탈북인들은 전산회계, 컴퓨터, 도배, 미용 등 다양한 분야의 직업훈련 기관에 등록하여 훈련을 받는다. 물론 교육에 필요한 수강료 역시 무료다.

직업훈련 기관 외에도 탈북인들을 대상으로 한 다양한 교육 프로그램이 운영되고 있다. 이러한 교육 프로그램들은 종교기관, 대학, 종합사회복지관 등에서 운영된다. 예를 들어, 한 종교기관에서 운영하는 자유시민대학은 8개월 과정으로 정착 교육과 더불어 취업 및 창업에 필요한 교육을 실시한다. 이러한 프로그램들은 대부분 참가비가 무료이기 때문에 참여하는 탈북인들이 많이 있다. 이러한 직업훈련 기관이나 교육 기관은 직업에 필요한 기술을 습득할 수 있는 기회를 제공할 뿐 아니라 탈북인들이 모이는 장소가 되기도 하고, 남한 사람들과 만날 수 있는 기회를 제공하는 장소가 되기도 한다.

> "(면접자: 북한에 있는 가족하고 연결은 누가 가셔서 해 주신 거예요?) 여기 그, 제가 도배학원 다녔었거든요, 작년에. 도배학원 다닐 때 그 앞에 미싱하는 데가 또 있어요. 미싱반이. 재봉반이. 봉재반에서 아는 언니가 그런 거(브로커 연결) 해 주더라고요. 거기다 부탁하니까 찾아 주더라고요."
>
> (Ⅱ-7)

> "나도 여기 와서 막 그 오니까 먼저 온 사람이 나보고 그래요. 1년 동안 생계비로 주니까 1년 동안 사대보험 회사 들어가지 말고 일해라. 그리고 다 1년 되면 그 다음 학원 들어가면 또 생계비를 준다." (Ⅱ-5)

이처럼 탈북인의 사회적응을 위해서 취업을 돕고, 교육 프로그램을 제공하고, 사회적 관계망을 확장시키도록 지원하는 사회적 자본으로서, 통일부나 시민단체와 종교단체뿐만 아니라 탈북인 단체가 있다. 탈북인들이 독립적으로 자조 단체를 구성하고 그 구성원으로 활동함으로써, 사회적 관계를 자본화하고 적응에 활용한다는 데에 의의가 있다.

제5장

탈북인의 사회관계망과 사회적 자본의 특성

1. 사회관계망의 동시적 편재와 제도화된 사회적 자본의 부재
2. 전통적 관계망의 생명력: 가족, 지연, 학연 중심의 사회적 자본
3. 사회관계망의 허브: 브로커
4. 맥락과 사회적 자본의 가치
5. 사회적 자본의 양면성과 문제점

제5장 | 탈북인의 사회관계망과 사회적 자본의 특성

지금까지 필자들은 북한과 중국, 남한에서의 일반적인 탈북인들의 삶의 과정을 추적하면서 그 과정에서 형성된 사회관계망과 사회적 자본에 대해 기술해 보았다. 북한은 사회주의국가이기는 하지만 전통적 사회관계망인 가족과 친족이 중요한 기능과 역할을 하는 사회다. 식량난으로 촉발되고 7. 1 경제조치로 공식화된 국가 통제 기능의 약화는 전통적인 사회관계망을 더욱 활발하게 가동시켰다. 그러한 과정에서 사회 전체의 신뢰 수준이 하락하고, 불확실성에 따르는 거래비용이 증가했으며, 사회적 자본의 총량은 감소하는 수순을 밟게 되었다. 공식적 구조와 관계망이 비정상적으로 작동하기 때문에 북한 주민들은 생활에 필요한 모든 사회적 · 경제적 비용을 개인적 차원에서 감당하면서 삶을 영위하고 있다. 사회적 자본의 관점에서 본 북한사회의 문제와 한계는 탈북인의 삶을 통해 여실히 드러난다.

탈북인들의 관계망은 약한 연대를 통해서 확대되는 연결망의 속성을 가지고 있다. 탈북인들의 탈북 성공 배경에는 같은 지역에서 일상생활을 함께하며 강한 유대 관계를 맺고 있던 사람들이 아니라 북한 외부에 있는 약하게 연계되어 있던 사람들이 있다. 중국에 있는 먼 친척, 중국과 북한을 오가는 장사꾼, 한때 같은 동네에 살았지만 지금은 남한에 가 있는 사람들 그리고 건너 건너 알게 된 브로커들이 징검다리가 되어 탈북을 도왔다. 이후 탈북인들은 남한에 와서 다른 탈북인들과 만나며 관계망을 확장하고, 자기 자신이 브로커가 되기도 하며, 또 북한에 있는 친인척들이 탈북할 수 있도록 돕는 징검다리의 역할을 한다. 이 장에서는 앞에서 기술한 내용을 바탕으로 탈북인들이 형성한 사회관계망과 사회적 자본의 특성을 살펴보고자 한다.

1. 사회관계망의 동시적 편재와 제도화된 사회적 자본의 부재

탈북인의 사회관계망 연구를 시작할 때 필자들은 막연하게 탈북인의 생애가 시간적 · 공간적으로 확연히 구분되어 북한, 중국, 남한의 순으로 구조화될 것으로 예상했다. 국경을 넘어 도강하는 순간 그들의 삶의 공간이 북한에서 중국으로 바뀌고, 다시 중국의 국경을 넘어 태국이나 몽골, 미얀마로 들어가는 순간이나 중국 내 한국영사관으로 들어가는 순간 삶의 공간이 다시 중국에서 남한으로 바뀐다고 생각했다. 그래서 탈북인의 생애사를 연구할 때 탈북 전, 제3국 거주 기간, 남한 입국 후로 구분하고 그들의 삶이 북한, 중국, 남한에서 어떻게 이루어지며 또 변화하는지를 살펴보고자 했다.

그러나 적어도 사회관계망의 관점에서 볼 때 이러한 시간적 · 공간적 구분은 적절하지 않았다. 탈북인들이 의미 있게 생각하는 사회관계망은 시기별로 공간화되지 않았다. 그들은 현재 남한에 있지만 가장 중요한 관계망은 북한 또는 중국에 있다. 그들이 북한에 있을 때에도 가장 중요한 관계망은 중국 또는 남한에 있었다. 마찬가지로 그들이 제3국에 있었을 때에도 그들에게 가장 중요한 관계망은 북한과 남한에 있었다. 그러므로 탈북인들의 사회관계망은 시간의 흐름에 따라 공간적으로 분리되는 것이 아니라 북한, 중국, 남한에 동시적으로 편재되어 있으며, 이런 관계망을 따라 사회적 자본도 동시적으로 편재되어 있다.

2007년 9월 서울 양천구에 사는 한 탈북여성이 자살을 한 사건이 있었다. 이 여성은 중국에 있는 동안 조선족 남편과의 사이에서 자녀를 낳은 후 형편상 혼자 먼저 한국에 입국했다. 중국에 두고 온 자녀를 보러 가기 위해 수차례 중국 방문 비자를 신청했지만 중국 당국이 주민등록번호를 통해 탈북인임을 확인하고 비자를 내주지 않았다. 중국으로 가는 것이 불가능해지자 절망한 것이 이 여성의 자살 동기로 추정되었다(〈조선일보〉, 2007. 9. 13).[1] 이 탈북여성의 경우 자신은 남한에 있지만 가장 중요한 사회관계망은 중국에 있었다. 그리고 자녀와 남편(동거인)이 포함된 이 사회관계망은 매우 의미 있

1) 탈북인들의 주민등록번호 뒷자리 일곱 자리 중 세 자리에 하나원의 소재지(경기도 안성)를 의미하는 지역코드가 공통적으로 부여됨에 따라 주민등록번호를 통해 탈북인의 신분이 노출되어 여러 피해가 발생한다는 지적이 있었다. 2007년 6월부터는 주민등록번호를 하나원 소재지가 아니라 새로 배정된 거주지에서 받을 수 있도록 했으나 이전에 이미 번호를 배정받은 탈북인들의 불편은 해소되지 못한 상태다.

는 것임에도 불구하고 제도화되거나 공식화될 수 있는 것은 아니었다. 북한여성이 중국으로 가는 것은 불법이며 따라서 이들의 신분은 언제나 불안하다. 많은 탈북여성이 중국에서 혼인관계를 유지하고 살지만 호구를 등록할 수 없어 그들의 혼인관계는 공식적인 관계가 아닌 사실혼 관계이기 때문이다.

많은 탈북인, 특히 탈북여성들이 이 여성과 비슷한 상황에 놓여 있으며, 제도적으로 인정받지 못하는 관계들이 포함된 사회관계망을 가지고 있다. 이들의 사회관계망은 제도적인 방식이 아닌 전적으로 비공식적인 방식을 통해서만 유지될 수 있다. 사적인 일상생활 환경에서는 비공식적인 방식으로도 관계망이 유지될 수 있지만, 비공식적 관계망이 공식적 영역(예를 들어, 비자 신청이나 자녀의 취학)에 들어와야 할 필요가 생길 때 이 두 가지는 양립되기 어렵다. 양천구에 살던 탈북여성의 자살 사건은 인정받지 못한 사회관계망이 공식적인 영역으로 진입할 때 제도적인 장애물을 만나서 좌절된 데서 비롯된 비극이라고 할 수 있다. 중국과 남한에 동시적으로 편재되어 있던 이 여성의 사회관계망은 사회 자본을 창출하는 기능을 하지 못하고 소멸되고 말았다.

북한과 중국, 남한에 동시에 편재되어 있는 탈북인들의 사회관계망은 국가적 차원의 사회적 자본이 가동되지 않는 관계다. 사회적 자본이 국가 수준에 존재할 때 제도와 상호 규범을 통해서 서로 신뢰에 기초한 거래가 이루어진다. 제도 의존적인 신뢰는 공식적인 사회제도를 통해 신뢰에 대한 투자와 구매를 가능하게 한다(Zucker, 1986; 김용학, 2007 재인용). 그러나 남한과 북한 사이는 물론 남한과 중국, 북한과 중국 사이 사회적 자본의 수준은 일천하다.[2)] 북한, 중국, 남한 간 제도화된 사회적 자본이 취약하기 때문에 이들 나라에 동시에 편재된 사회관계망을 유지해야 하는 탈북인의 시도는 비공식적인 경로를 취할 수밖에 없다. 그러므로 국가 수준의 사회적 자본이 제도화되지 않았기 때문에 발생하는 높은 거래비용은 탈북인들이 개인적으로 감당할 수밖에 없다. 탈북인들이 개인적으로 감당해야 하는 거래비용에는 사회관계망을 유지하기 위하여 지불하는 정보 탐색, 계약과 감시, 위험 감수 비용이 모두 포함된다. 개인적 비용이 커지면 커질수록 제도에 대한 불신과 불만은 더욱 높아지며 사회 전체의 사회적 자본의 총량은 감소한다.

탈북인과 북한에 있는 가족 사이의 관계망은 경제적 자원이 전달되어 공유되는 연결망이기도 하다. 탈북인 가족이 아니더라도 가족 구성원들 사이에 자원을 공유하고 경제적으로 협력하는 것은 가족의 핵심적인 기능 중 하나다. 가족에 대한 고전적 정의에서는 가족을 '공동 거주하면서 경제적 협력을 하는 사회집단'이라고 본다(Murdock, 1949; Popenoe, 1988). 경제적 협력을 한다는 것은 가족이 가진 자원을 공동으로 모아 함께 사용한다는 것이다. 탈북인과 북한에 있는 가족은 공동 거주라는 속성은 만족시키지 못하지만 경제적 협력을 통해 가족의 기능을 부분적으로 수행하고 있다.

탈북인들은 북한에 있었을 때부터 중국이나 일본에 있는 친척들

2) 예를 들어, 남한과 중국 사이에 먹거리의 위생과 안정성을 둘러싸고 끊임없이 분쟁이 일어나고 중국과 북한 사이에 탈북인의 송환을 두고 정규적으로 긴장 관계가 형성되는 것은 제도화된 사회적 자본이 정상적으로 작동하지 않는다는 것을 반영하며 그 배경에는 세 국가 모두 내부적으로 공식적인 사회 제도에 대한 신뢰 수준이 높지 않기 때문인 것으로 생각된다.

로부터 경제적 도움을 받은 적이 있기 때문에 자신들이 북한에 있는 가족을 돕는 것은 매우 당연한 일이라고 생각한다. 남한에서 보내는 경제적 자원은 남한, 북한, 중국 사이의 경제적 격차로 인해 수십 배 확대되어 소비될 수 있기 때문에 북한이나 중국에 있는 가족에게 돈을 보내는 것은 매우 요긴하다. 제도화된 통로가 없는 상태에서 돈이 가는 경로 그 자체도 사회적 자본과 관계된다. 탈북인들은 브로커를 통해 돈을 보내기도 하지만 어떤 경우에는 중국에 있는 친척을 찾아 부탁한다. 중국에 있는 친척에게도 브로커 비용을 줘야 하지만 그들을 안면이 없는 브로커보다는 신뢰할 수 있는 사회적 자본으로 여기기 때문이다. 중국에 있는 친척들 역시 대체로 경제적 형편이 풍요롭지 못하기 때문에 이러한 제안이 반갑다. 그나마 남한과 중국 사이에는 최소한의 제도적 연결망이 보장되기 때문에 중국에 있는 친척들은 북한과 남한에 있는 가족들을 이어 주는 다리 역할을 할 수 있다.

> "남을 수고비를 주는 거면 제 친척을 줘 가지고 안전하게 내보내자. 그래 중국 친척을 찾아 가지고 이렇게 얼마큼 수고비를 주겠으니까 우리 집에 여권을 떼고서는 친척 방문으로 나가 달라고 그랬어요. 그러니까 그 중국 사람도 농촌에서는 돈이 귀하잖아요? ……그러니까 뭐 하루 갔다 오면 그만한 돈이 손에 쥐어지는데. 그러니까 내가 도와주는 셈 치고 나도 집에서 보지도 못하는데 해 줄게 그래 가지고." (Ⅱ-8)

이렇게 탈북인들은 북한, 중국, 남한에 동시에 편재되어 있는 사회관계망을 관리하며 사회적 자본을 유지한다. 이때의 사회적 자본은 신뢰에 기초한 유대의 성격보다는 귀속적 특성에 기인하는 네트워크로 존재하는 셈이다. 탈북인의 생애 경험상 이들의 사회관계망은 북한, 중국, 남한에 걸쳐 편재될 수밖에 없으나, 제도화된 사회적 자본의 부재로 말미암아 이들의 사회관계망은 오직 사적인 방식으로 관리 · 유지될 수밖에 없다. 그리고 제도화된 사회적 자본의 부재에서 비롯된 높은 거래비용은 탈북인 개인에게 남겨진 몫이다.

2. 전통적 관계망의 생명력: 가족, 지연, 학연 중심의 사회적 자본

탈북인의 사회적 자본을 연구하면서 다시 한 번 발견한 것은 전통적 관계망의 생명력이다. 지금까지 사회적 자본에 관한 연구들에 의하면 일반적으로 산업화, 도시화가 진행되면서 사람들 사이에 존재하는 사회적 자본은 강하고 폐쇄적인 유대관계에서 약하고 느슨한 유대관계로 이행되는 특성을 가지고 있다고 한다. 이러한 과정에서 점점 더 많은 사람들이 다양한 사회적 활동, 공동체 활동에 참여하게 되고, 그 결과 사회 구성원 간의 이해 · 협력과 분업의 폭이 넓어지며, 그만큼 사회적 자본의 양과 질이 높아질 수 있다고 분석했다(우천식 · 김태종, 2007). 이는 곧 사회가 발전하고 복잡해질수록 혈연, 지연, 학연 등에 기초한 전통적 관계망의 영향력이 감소한다는 것으로 해석될 수 있다. 그러나 탈북인의 사례는 산업화의 수준이 다른 두 사회에 끼여 있는 전통적 관계망이 가진 생명력이 얼마나 강한지를 보여 준다. 탈북인들은 가족, 친족, 지연, 학연에 기초한 전통적인 관계망에 의존하는 정도가 매우 높았으며 이러한 관계망은 국경을 넘어서도 유지되는 생명력을 가지고 있었다.

사회적 자본은 두 사람 이상의 관계에서 창출되는 자본이다. 이러한 관계가 정보나 자원의 측면에서 비대칭의 형태를 띠고 있을 때 사회적 자본은 일방으로 흐르게 된다. 사회적 자본의 특징은 교환 관계가 반드시 즉각적이거나 동시적으로 이루어질 필요가 없다는 데 있다. 사회적 자본의 축적은 오랜 시간 동안 반복적으로 일어난 교환 관계를 통하여 이루어지기 때문에 즉각적인 보상이 없더라도 장기적으로 보상의 교환이 예측된다면 일반화된 호혜성의 관계가 형성될 수 있다. 탈북인의 사회관계망 안에는 탈북인들 자신뿐 아니라 이들에게 의지하고 있는 상대들이 있다. 탈북인들이 북한에 있었을 때 북한 외부의 관계에 의존하여 생활할 수 있었듯이, 이제 남한에 정착한 탈북인들은 북한이나 중국에 있는 관계망 구성원들에게 생활을 유지할 수 있게 만들어 주는 사회적 자본이 되고 있다.

북한에 있었을 때부터 지금까지 탈북인의 삶에서 가장 중요한 사회적 자본은 가족과 친족이다. 제1장에서 언급했듯이, 최근 탈북인의 입국 현황을 보면 가족 동반 입국이 늘어났는데 최근 5년간 통계를 볼 때 매해 입국자의 약 30~35%는 가족과 함께 입국한다(〈표 1-3〉 참조). 그러나 가족 동반 입국 현황을 좀 더 자세히 들여다보면 또 한 가지 중요한 사실을 알 수 있다. 바로 동반 입국하는 가족의 규모가 크지 않다는 것이다. 2002년 이후로 입국한 탈북인 가족당 세대원 수는 평균 2.22~2.56명이다. 가족이 함께 입국한다 하더라도 그 규모는 평균 2명이나 3명에 불과한 것이다.

필자들이 만나 본 탈북인들 중에도 가족이 동시에 혹은 순차적으로 탈북하여 현재 모두 남한에서 살고 있는 경우보다는 가족 중 일부만 함께 온 경우가 훨씬 더 많았다. 1차조사연구가 가족 단위의 적응을 주제로 이루어진 것이라 가족과 함께 살고 있는 탈북인들을 23가정 방문했는데, 이들 중에 북한에 있던 가족이 모두 왔다고 한 경우는 한두 사례에 불과했고 나머지는 북한에 가족이 남아 있다고 응답했다. 북한에 결혼한 형제자매, 사촌들, 사촌 범위를 넘어서는 친척이 있다는 뜻이 아니라 자신이 탈북하지 않았다면 북한에서 함께 살았을 식구들, 즉 부모, 남편, 부인 또는 어린 자녀들이 북한에 남아 있다는 것이다.

이렇게 가까운 식구들이 북한에 있다 보니 남한에 있는 탈북인들은 북한에 있는 가족들과 빈번하게 연락을 한다. 통신수단이 발달된 덕에 휴대폰을 통한 연락이 어렵지 않다. 중국 번호로 등록된 휴대폰을 사서 북한에 반입하고 이를 통해 남한에서 전화를 한다. 물론 자유롭게 아무 때나 전화하는 것은 아니고 북한에 있는 가족들이 정해진 날짜에 남쪽의 가족에게 연락을 한다. 아직까지도 위험을 무릅쓰고 하는 것이기 때문에 통화를 빈번하게 하는 것은 아니지만 적어도 한두 달에 한 번씩은 연락을 한다. 탈북인들과 북한에 있는 가족들 사이의 전화 통화는 단지 서로의 안부만 확인하는 수단이 아니다. 전화 연락을 통해 서로의 안부를 확인할 뿐 아니라 남쪽에서 보낸 돈이 제대로 전달되었는지 확인하고, 북한에 있는 자녀들의 교육문제에 대해 의논하며, 남한으로 올 구체적 방안을 의논한다.

> "그래 처음에 130만 원을 보냈어요. 30만 원 브로커가 수고비로 먹고 나 100만 원만 우리 집에 무사히 전달해 달라, 확인 전화만 시켜 달라, 그러

니까 언니하고 통화해 언니 그래 얼마 받았어? 그러면 얼마 받았다 그런 전화만 시켜 달라고 그랬거든요. ……(나중에 언니랑 통화를 했는데) 조금만 언니를 주고 다 뺏어 낸 거예요, 그 돈을." (Ⅱ-8)

"북한에 있을 때는 그런 생각을 못했는데 여기 와서 보니까 그냥 맹목적으로 그렇게 살게 해서는 안 되겠다 싶어 가지고 (북한에서 딸을 대신 돌봐주고 있는) 내 동생한테 좀 (딸에게) 개별 선생이랑 붙여 가지고 피아노도 시키고 영어 공부도 좀 시켜라." (Ⅱ-3)

필자들은 탈북인들이 같은 고향 사람들끼리 모임을 형성하거나 하나원 동기끼리 모임을 만드는 경우가 흔하게 있음을 알게 되었다. 탈북인들은 주로 함경북도나 함경남도, 그중에서도 국경과 인접한 도시나 농촌 지역 출신들이다. 그렇다 보니 서로의 고향이 같거나 가까운 경우가 많아 사회관계망이 중복되는 경우도 있다. 탈북인들 중에는 남한에 와서 우연히 아는 동네 사람들을 만나거나 동창을 만나게 되었다고 한 경우가 있었다. '좁은 세상의 원리(small world principle)'[3]가 여기서도 재연되는 것이다. 또 탈북인들은 탈북인 관련 사이트의 사람찾기 코너를 통해 동향 사람이나 동문을 찾아 적극적으로 사회적 자본을 확충하기도 한다. 이 모임은 탈북인들에게 친교의 기회를 제공하는 것은 물론 서로 탈북 혹은 입국한 시차에 토대하여 자신들이 알고 있는 고향의 최근 소식을 나누는 정보 교환의

3) 좁은 세상의 원리란 미국 사회심리학자 Milgram(1967)의 연결망에 관한 실험에서 비롯된 용어다. Milgram은 전혀 모르는 사람에게 전달해야 하는 편지가 평균 5.2단계의 링크를 거쳐 전달되었다는 실험 결과를 토대로 해서 1960년대 후반 미국의 연결망이 예상보다 더 밀도 있게 구성되어 있음을 보여 주었다.

장이 되기도 한다.

탈북인들에게 동향이라는 사회적 자본의 중요성은 좁은 의미에서의 고향에서 비롯되는 것만은 아니다. 사실 탈북인들은 북한이 고향이라는 점에서 넓은 의미의 동향 사람들이다. 애당초 남한사회에 소속되어 있지 않았다는 점에서 탈북인들은 이주민과도 같다. 북한 출신이라는 점은 정치적 색채나 사회경제적 지위를 떠나 이들을 결집시킬 수 있는 정체성이며 사회적 자본이다. 동향이라는 것이 귀속적인 지위에 기초한 관계망이라고 할 때 북한 출신이라는 점은 가장 강력한 귀속적 지위다. 이는 가족관계 다음으로 쉽게 활용될 수 있는 사회적 자본이다. 탈북인이 본격적으로 입국한 지 10년이 채 되지 않았다는 사실이나 탈북인이 급속하게 증가하고 있긴 하지만 아직도 절대적인 수치 면에서 2만 명이 채 되지 않는다는 사실을 고려해 볼 때 남한에 수십 개의 탈북인 자조 모임이 있다는 것은 주목할 만한 점이다. 동향이라는 공통의 정체성이 탈북인 공동체를 만들어 내고, 이러한 공동체들은 탈북인들의 사회적 자본으로 기능한다. 그러나 좁은 의미의 동향이 갖는 유대와 사회적 자본에 비한다면, 넓은 의미의 동향이 창출하는 유대란 상대적으로 약한 유대일 수밖에 없으며 동원할 수 있는 사회적 자본에도 한계가 있다. 종종 언론을 통해 노출되는 탈북인 단체들 사이에 존재하는 긴장이나 반목 관계는 바로 탈북인 단체들이 기초하고 있는 유대가 실상은 견고하지 않으며 다른 요소들에 의해 영향을 받는다는 점을 보여 준다.

탈북인들이 가족이나 동향 등 혈연이나 지연에 의존하는 한 탈북인들의 관계망은 폐쇄성을 가질 수밖에 없다. 강하고 폐쇄적인 유대보다 약하고 느슨한 유대의 사회적 활동을 통해 사회 전체의 사회적 자본의 총량과 질이 높아질 수 있다는 주장을 다시 떠올려 보자. 탈북인들은 가족이나 동향 사람들, 하나원 동기들, 탈북인 자조 모임 사람들과 주로 상호작용한다. 실직률이 높아 직장에 소속되어 있지 않은 탈북인들도 많고, 취업 준비를 위해 다니는 훈련 기관들도 주로 탈북인들을 대상으로 하는 곳이다. 또한 같은 지역의 영구임대아파트에 밀집하여 살기 때문에 지역사회에서도 탈북인들끼리의 상호작용이 가능하다. 탈북인들에게 주로 남한 사람들로 구성된 다양한 공동체나 사회적 관계망에 참여할 기회가 별로 주어지지 않는 것이다. 남한 주민들과 별로 연계되지 않기 때문에 실제 탈북인들의 생활세계나 사회관계망에 관해서는 잘 알려져 있지 않다. 이들에게 관심을 가지고 있는 연구자들이나 실무자들, 종교기관의 사람들을 제외하면 탈북인들과 직접적인 네트워크를 형성하는 남한 주민은 별로 없다. 사회적 자본이 반복적인 상호작용을 통해 구축되는 상호 신뢰를 포함한다고 할 때 남한 주민들이 탈북인의 사회적 자본으로 활용될 수 있는 가능성은 현재로서는 낮다. 탈북인들은 약하고 느슨한 유대를 통해 얻을 수 있는 사회적 자원이 제한되어 있어 이러한 유대를 통해 사회의 다양한 영역에 통합되어 살아가는 데 한계를 가지고 있다.

3. 사회관계망의 허브: 브로커

탈북인의 사회관계망을 연구하면서 빼뜨릴 수 없는 것 중의 하나가 바로 브로커다. 원래 브로커란 중개상인, 거간, 중개인을 의미하는데 사기성이 있는 거간꾼이라는 부정적인 의미로 사용되기도 한다(『표준국어대사전』, 2008). 브로커는 중간에서 거래를 성사시키는 사람으로서 중개의 대가를 받는다. 탈북 브로커는 북한 주민의 탈북과 남한 입국이라는 위험한 거래를 성사시키는 조건으로 대가를 받는다. 탈북 브로커들의 초기 활동은 주로 북한 주민을 중국으로 탈출시키는 일이었으나 점차 중국에 있는 탈북인들을 남한으로 입국시키는 일로 확대되었고, 다시 남한에 있는 탈북인과 북한에 있는 가족들을 연결시키고 휴대폰이나 돈을 전달하는 일도 포함하게 되었다.

탈북 브로커의 본격적인 활동은 1990년대 후반으로 거슬러 올라간다. 탈북이 시작된 것은 북한의 식량난이 심각했던 1995~1996년부터인데, 이때 탈북한 사람들은 특별한 경로나 브로커의 도움 없이 중국에 있는 친척을 찾아 도강한 경우가 많았다. 이들은 글자 그대로 목숨을 걸고 탈북했으며, 탈북 중 잡히거나 중국에서 공안에게 잡혀 북송되는 경우에는 수용소로 보내지는 등 그 대가가 혹독했다. 1990년대 후반이나 2000년대 초반에 탈북이 본격화된 것은 이렇게 먼저 탈북한 사람들이 중국에서 어느 정도 정착하고 탈북의 루트를 개발한 것과 관련이 있는 것으로 보인다. 북한의 국경경비대들이 브로커와 연결되면서 탈북 과정은 상대적으로 용이해졌고 대규모의 탈북인들이 생기기 시작했다. 특히 북한에서 군대와 관련된 일을 했던 탈북인들은 브로커의 역할을 수월하게 할 수 있다는 장점을 이용해 스스로 브로커가 되곤 한다.

> "오빠가, 그 먼저 왔던 오빠가 그 우리는 그 국경 연선이니까 경비대가 있잖아요? 국경경비대…… 그기 그 우리는 그 국경경비대에서 보고만 했어요, 군사 동무를…… 그러다가 그냥 중국에 도망쳐 왔다가 어떻게 선을 알

아 가지고 한국에 와서 먼저 자리를 잡은 거예요. 2000년도에…… 그러니까 우리 집을 딱 생각한 거예요. 그 군사 복무할 때 우리 집 주인 잡고 우리 집 제 집처럼 다녔으니까. 아 우리 집을 찾으면 빠르겠다 그래 가지고 여권을 떼고 중국 그 연변까지 나가 가지고 그 연변 중국 사람한테 우리 집 그러니까 그 인적사항 다 알려 줘 가지고 이런 사람을 좀 찾아서 자기한테 연결해라 그러고 연락처를 그 중국 사람한테 주고 갔나 봐요. ……그 국경경비대 군대가 우리 집에 온 거예요. 와 가지고 우리 집에 와서 저기 건너 편에 중국 사람이 친척이라고 그러면서 자꾸 찾는데 한 번 만나 볼 의향이 있는가. 그래 가지고 걔네도 돈을 받아먹고 그 사이 또래를 하느라고 가만히 와 가지고 그러는 거예요. 내가 근무 서는 기간에 가만히 만나게 해 주겠으니까 도움을 받으면 얼마를 달라고 그러더라구요." (Ⅱ-8)

탈북인의 브로커 비용은 어떤 경로를 따라 오느냐에 따라 달라진다. 탈북인 중에는 비행기를 타고 직접 남한에 오는 경우도 있는데, 이 경우에는 브로커에게 1,200만 원 등 많은 비용을 지불해야 한다. 브로커가 받는 남한 입국 비용이 800만 원대라는 것에 비교해도 매우 큰 비용이고 시민단체나 종교단체에서 받는 실비용에 비하면 엄청나게 높은 액수다. 이처럼 쉽게 남한에 오는 데에는 그만큼 비용이 더 많이 든다. 북한에 있는 사람을 기획 탈북시키는 경우에도 비용을 많이 들이면 상대적으로 단기간에 쉽게 남한에 데려올 수 있다. 한 예로, 남한에 먼저 정착한 탈북인이 스스로 브로커가 되어 자기 형제 등 가족과 믿을 만한 아는 사람을 찾아서 탈북을 계획적으로 준비했다. 우선 중국인을 통해서 아는 사람을 접선하고 휴대폰을 주어 연락하고 그 중국인을 통해 사람을 북한에서 불러낸 후 브로커 집에서 여권을 만드는 기간 동안 머물게 한다. 대략 일주일을 기다리면 브로커들은 연변 주민으로 위장한 가짜 여권을 준비해서 탈북인에게 여권을 주어 항공편으로 인천공항에 착륙시켰다.

> "중국 가짜 여권이랑 신분증. 여기 올 수 있게 비행기 탈 수 있게 그 만들어야 되잖아요. 조선족처럼 위장해 가지고 그런 걸 아마 만드는 기간이 일주일 걸렸나 봐요. 일주일 있으니까 그 다음에 비행기 태워 주더라구요. 그래 그냥 저는 바로 대련해서 태워 주더라구요. 네, 혼자 타고 인천공항에 내려 가지고 뭐, 아무것도 모르죠." (Ⅱ-8)

탈북 브로커에 대해서는 탈북인들의 궁박을 악용하는 악덕 인신매매범이라는 주장에서부터 탈북인의 생존을 돕는 도우미라는 주장까지 평가가 엇갈린다(〈데일리NK〉, 2004. 4. 9). 브로커에 대한 규범적 평가를 떠나 사회적 자본의 측면에서 볼 때 이들은 탈북인 사회관계망의 허브(hub) 기능을 한다. 사회관계망의 허브는 관계망을 구성하는 사람(nod)들 간의 연결고리(link)가 가장 많이 집중되는 사람을 의미한다. 사회관계망을 구성하는 노드들은 또 다른 노드와 연결되어 있고 사회관계망을 구성하는 노드가 얼마나 많으냐에 따라 관계망의 크기가 결정된다. 사회관계망의 노드들 중에서 가장 많은 연결고리를 가진 노드를 특히 허브라고 부르는데, 허브의 기능을 하는 노드에게는 정보와 자원이 집중된다.

브로커 활동을 하다 보면 남한에 있는 탈북인들이 누구인지, 어느 지역 출신인지, 어떤 루트로 입국했는지, 그 루트를 통해 같이 온 사람들은 누가 있는지, 북한에 어떤 가족이 남아 있는지 등의 정보가 수집된다. 또 브로커를 통해 경제적 자원이 전달되는 경우가 많기 때문에 일을 부탁하는 탈북인들의 직업이나 소득 수준, 북한 가족의 생활 형편에 대한 정보도 자연스럽게 수집된다. 이렇게 탈북인들에 대한 정보가 축적되면서 브로커의 관계망은 점차 확장되고, 넓어진 관계망은 새로운 탈북 수요를 창출하며, 새로운 탈북 수요는 경제적 자원을 창출한다. 이렇게 축적된 자원은 동원할 수 있는 연결망의 규모를 확대하는 기능을 하고, 이로 인해 탈북의 성공률이 높아지면 새로운 고객이 관계망 안으로 들어오게 되면서 또다시 관계망이 확장되는 순환이 이루어진다.

이러한 탈북 브로커의 관계망은 위법 행동을 가능하게 하는 연결망의 특성을 그대로 담고 있다. 비도덕성을 생성하는 사회적 자본에 대해 연구한 김우식(2006)은 의도적이거나 반복되는 위법 행동에서는 위법 행동의 당사자가 속해 있는 사회연결망이 그 행위자에게 기회와 정보와 자원과 도피처와 같이 도구가 되는 사회적 자본을 제공하거나 연결망 고유의 문화를 통해 위법 행위를 하기 쉬운 성향을 형성하기 때문에, 위법 행동과 연결망은 긴밀하게 관련된다고 했다. 위법 행동은 비가시성이나 은밀성을 특성으로 하고, 은밀성은 비공식적 관계에 의해 확보되기 쉽다. 김우식(2006)은 연구에서 뇌물증여라는 위법 행동이 귀속적 연결망과 어떻게 관련되는지를 살펴보기 위해서 뇌물증여가 가지는 위법 행동의 요건을 먼저 파악했다. 뇌물증여에는 은밀성, 외부로부터의 부정적 평가, 실행 과정에 따르는 비용의 부담, 받는 사람과 주는 사람의 공동 행동, 뇌물이 효과적으로 작용할 사람과 방법을 찾아내어 시행해야 하는 정보와 기술이 필요하다. 동향, 동창, 친인척과 같은 귀속적 연결망은 이러한 위법 행동을 가능하게 하는 요건을 충족시킨다. 김우식의 연구에서는 비공식적 관계와 행위 규칙을 중시하는 귀속적 연결망 중 동창 연결망의 동원이 뇌물증여에 유의한 영향을 미치는 것으로 분석되었다.

위법 행동의 특성이 가장 잘 드러나는 예가 바로 탈북 브로커의 연결망이다. 이는 뇌물증여가 탈북을 가능하게 하는 중심 기제이기 때문이기도 하지만 나아가 탈북 브로커의 활동 자체가 의도적이고 반복적인 성격의 위법 행동이기 때문이다. 반복적인 위법 행동은 공동체 내에 위법 문화를 창출한다. 탈북인들은 위법 행동을 통해 생존했던 과거 기억이 있다. 또한 탈북인들은 위법 행동을 통해 사회관계망을 유지하고 있으며, 위법 행동을 통해 북한에 있는 가족의 생존을 돕는다. 뇌물증여가 연결망에 배태되면서 동시에 연결망을 창출해내듯(김우식, 2006), 위법 행동 자체가 연결망을 확대 재생산하는 구조가 바로 탈북 브로커의 연결망이며 탈북인들의 사회 구조다.

탈북인이 탈북 브로커가 되는 것도 바로 이러한 구조와 문화 때문이다. 탈북 초기에는 종교단체나 인권단체 출신자가 주축이 된 브로커들의 활동이 기획 탈북이라는 이름으로 이루어졌으나, 최근에는 조선족이나 탈북인들 중에 스스로 브로커 기능을 수행하는 사람들이 증가했다. 이들은 탈북인 자조 모임 사이트나 인터넷 블로그에서 ○○ 루트를 운영하는 도우미라고 스스로를 소개하고 공개적으로 활동한다. 자신의 탈북 경험과 사회관계망을 사회적 자본으로 활용하는 것이다.

> "브로커들은…… 자기 스스로가 브로커예요, 보면. 이 사람들은 잠재된 브로커들이에요, 이미. 왜냐하면 자기가 브로커의 손에 의해서 돈을 주고

왔기 때문에 본전이 항상 생각나는 사람들이잖아요. 그러니까 자기도 그 브로커랑 똑같은 루트를 거쳐서 할 수만 있다면 북한에 있는 다른 사람 데리고 오면서 자기도 그걸 받기를 원하고…… 어떻게 어떻게 연락을 해 가지고 불러들일 때 옆집 사람들도 다 같이 데리고 온다든가…… 결국에 그 사람들 데리고 오면서 경비를 얼마 받기로 해서 결국 자기 경비 빠지고…… 그게 바로 브로커잖아요. 작게는 그것도 브로커죠." (실무자 다)

4. 맥락과 사회적 자본의 가치

탈북인의 사회적 자본을 연구하면서 필자들이 특히 주목한 것은 사회적 자본의 역동성이다. 사회적 자본의 가치는 시간적 · 공간적 맥락에 따라 역동적으로 달라진다. 북한사회에 있을 때 탈북인들은 토대와 성분 때문에 사회생활과 일상생활에서 차별받고 피해를 받았다. 탈북인들은 부모가 남한 출신이거나 중국 혹은 일본 출신이라는 이유로 동요계층으로 분류되었고, 불량한 토대와 성분은 부적(負的)인 사회 자본이 되어 이들의 삶을 주변화시켰다. 좋은 학교에 진학할 수도, 좋은 직장을 얻을 수도, 좋은 배우자와 결혼할 수도 없었다. 심지어는 사는 지역도 제한되어 정치 권력의 핵심으로부터 가장 멀리 떨어진 곳에서 살게 되었다.

그런데 북한사회의 경제적 상황이 달라지면서 이러한 토대와 성분은 그들에게 부적 사회 자본이 아니라 정적 사회 자본이 되었다. 북한에 있는 동안 중국이나 일본에 있는 먼 친척들로부터 경제적 지원을 받을 수 있었으며, 심각한 곤궁의 위기를 넘기고 삶을 지탱할 수 있었다. 나아가 부모의 먼 친척이 남한, 중국, 일본에 있다는 사실이 그들에게는 탈북을 가능하게 한 징검다리가 되었다. 실제 필자들이 만나 본 탈북인들 중에 탈북 과정에서 친척에게 큰 도움을 받았다고 한 경우는 많지 않았지만 이들의 존재 자체가 탈북을 감행할 수 있는 계기를 제공했던 것을 알 수 있었다. 탈북인들의 사례를 통해 나타나듯이 1990년대 중 · 후반에 탈북한 사람들은 처음부터 남한으로 오고자 한 것이 아니었다. 잠시 친척을 찾아가 기아의 위기를 넘길 약간의 지원을 바라는 마음으로 도강을 하지만 중국에 발을 내딛는 순간 이들의 계획과 상황은 달라졌다. 때로는 자발적으로 중국에 남게 되었고, 때로는 비자발적으로 인신매매되어 중국에 남게 되었다. 중국에서 체류하는 시간이 길어지면서 새로운 사회적 자본이 형성되었고, 이를 통해 남한으로의 입국도 가능하게 되었다. 사회경제적 맥락이 달라지면서 동일한 사회적 자본이 다른 사회적 가치를 창출하게 된 것이다.

가족 구성원의 탈북은 매우 심각한 처벌 사유다. 가족 중 누군가가 탈북함에 따라 북한에 남아 있는 가족들은 토대와 성분이라는 측면에서 또다시 불이익을 받게 된다. 그러나 현재 북한사회는 가족의 탈북이 가져올 불이익보다 이익에 더 초점을 맞추는 상황이 되었다. 탈북인이 중국이나 남한에서 보내는 물자와 돈은 북한에 남아 있는 가족에게는 매우 귀중한 자원이다. 가족 중에 탈북인이 있다는 사실도 사회경제적 맥락에 따라 부적 사회 자본이 될 수도 있고 정적 사회 자본이 될 수도 있다.

현재 남한에 사는 이들에게 탈북인이라는 이름은 일종의 사회적 낙인일지 모른다. 탈북인들은 남한사회가 탈북인들에게 부정적 이미지와 편견을 가지고 있으며, 이러한 편견으로 인해 좋은 직장을 얻을 수도, 남한 사람들과 어울려 살 수도 없다고 이야기한다. 사회적 낙인에서 벗어나기 위해 북한 사투리를 빨리 떨쳐 버리려고 하고, 자신을 조선족이라고 소개하기도 하며, 때로는 북한 사람들에 대해 안 좋게 이야기하면서 그들과 거리를 두고자 하는 경우도 있다. 탈북인들이 남한사회에서 동원할 수 있는 사회적 자본이란 매우 제한적이다.

> "(면접자: 그럼 보통 어울리는 분들은 북한에서 오신 분들인가요?) 아니요. 저는 지금도 그렇지만 앞으로도 북한 사람들과는 어울릴 생각이 없어요. ……그러니까 서로서로가 다 믿지 못하고 있는 상태에서 차라리 1명을 친하고 2명을 친해도. 차라리 한국분이 더 나을 것 같다 그런 식으로 생각이 들고." (Ⅱ-2)

하지만 시대적 상황이 변화해서 통일이 현실화되면 탈북인이라는 이들의 사회적 위치는 사회적 자본이 될 수 있다. 남한사회의 체제와 문화에 먼저 노출되어 나름대로 학습이 된 이들은 남한과 북한 사회를 연결하는 또 다른 고리로 역할하면서 그동안 축적된 사회적 자본을 활용할 수 있게 될 것이다. 현재 탈북인들은 남한사회의 경제 체제에 적응해야 하는 과제 때문에 어려움을 겪고 있지만 그 과정의 경험과 사회관계망은 잠재된 사회적 자본이다.

5. 사회적 자본의 양면성과 문제점

탈북인의 사회관계망과 사회적 자본에 대한 이 책은 두 가지 관심에서 비롯되었다. 먼저 탈북인들의 적응과 가족 문제에 대한 두 번의 연구를 진행하면서 이들의 사회적 자본이 정착과 적응에 중요한 영향 요인이 된다는 것을 발견했고 이를 좀 더 깊이 들여다보고 싶은 관심이 생겼다. 또 다른 한 가지는 탈북인에 대한 연구가 분야별로 많이 이루어지고 있음에도 불구하고 주로 정착 지원을 위한 정책에 관련된 내용으로만 접근할 뿐 학문적으로 의미 있는 연구가 많지 않다는 점에서 탈북인의 사회적응에 사회적 자본이라는 사회과학적 개념을 적용하여 분석하고자 시도했다. 그 분석 결과를 통해서 다음과 같이 사회적 자본의 양면성을 보게 되었다.

탈북인들의 사회관계망은 약한 유대를 통하여 확장되어 가는 개방적 연결망이다. 탈북인들이 북한의 국경을 넘을 때 징검다리 역할을 한 것은 중국에 있던 먼 친척이었고, 이들이 다시 중국의 국경을 넘을 때 징검다리 역할을 한 것은 브로커들이다. 브로커를 만나게 해 준 당사자들도 역시 우연히 알게 된 사람들이다. 중국에 있는 친척이나 브로커를 만나게 해 준 사람들은 탈북인들과 강한 유대관계를 맺고 있는 상대들이 아니다. 이들은 단지 서로 아는 사이일 뿐이지만 필요에 의해 서로 도움이나 정보를 주고받는다. 취업 시장에서 '약한 유대의 힘'을 발견한 Granovetter의 연구처럼 우리는 탈북인의 탈북 과정에서 약한 유대가 탈북인의 삶을 공간적으로 재구조화한다는 점을 알게 되었다. 탈북인의 삶이 북한에서 중국으로, 중국에서 또 다른 제3국으로, 그리고 다시 남한으로 공간 구조화될 때 이들 공간을 연결해 준 것은 약한 유대들이다.

그렇다고 해서 이들에게 강한 유대가 존재하지 않는다는 뜻은 아니다. 탈북인들의 사회관계망은 여전히 가족 · 친족이나 동향 사람들을 위주로 하는 전통적 관계망이다. 그리고 전통적 관계망의 유대는 국경을 넘는다. 그것도 하나의 국경이 아니라 2개의 국경을 넘는다. 가족과 친족은 탈북인들이 북한에 있었을 때부터 이들의 생존을 돕는 안전망 역할을 했다. 특히 식량난 초기에 가족은 무너진 공적 체제 대신 개인의 생존을 돕는 기능을 했다. 식량난이 장기화되면서 제대로 기능하지 못하는 가족이 증가하고, 탈북 과정에서 해체된 가족들도 많이 있었지만, 그럼에도 탈북인에게 가장 중요한 사회적 자본은 가족임에 틀림없다. 탈북인의 사회적 자본은 자신의 정착과 적응을 지탱하는 요인일 뿐 아니라 중국이나 북한에 있는 가족들의 생존을 돕는 요인이기도 하다. 남한 입국 후 탈북인들이 가장 먼저 관심을 기울이는 것은 북한이나 중국에 있는 가족들을 데려오는 일이다. 가족을 데려오지 않기로 한 탈북인들은 중국이나 북한에 있는 가족에게 돈을 보내 생계를 돕는다. 탈북인이 보내는 돈은 북한에 있는 가족에게는 여유 있는 생활을, 탈북인들에게는 자신이 여전히 가족과 연결되어 있다는 만족감을 제공한다. 남한에서의 취업이 힘들고 자신의 생계를 유지하는 것도 벅찬 일이지만, 여전히 많은 탈북인들은 가족에게 돈을 보내며, 가족의 생계를 돕는다는 정서적 만족과 가족으로서의 유대감을 얻는다.

탈북인의 사회관계망과 사회적 자본을 들여다보면, 사회적 자본을 동원하고 활용하는 개인의 주체성을 강조하는 Lin의 이론을 다시

한 번 떠올리게 된다. Lin은 사회적 자본에 관한 이론에서 개개인의 선택과 행위를 강조했다. 동일한 사회적 관계망과 구조 안에서도 이를 동원해 내는 선택은 결국 개인에게 있다는 것이다. 우리 역시 탈북인들의 사회관계망과 사회적 자본을 살펴보면서 주체(agency)로서의 개인의 선택과 행위가 관계를 자본화하는 과정에서 매우 중요함을 알게 되었다.

개인적 차원에서 탈북인의 사회적 자본은 생존과 만족을 제공하는 기능을 하지만 사회적 차원에서 이들의 사회적 자본이 언제나 긍정적인 것만은 아니다. 북한, 중국, 남한에 동시에 편재되어 있는 이들의 사회관계망과 사회적 자본은 제도적인 방식으로 유지될 수 있는 것이 아니다. 세 국가 사이에는 제도화된 사회적 자본이 형성되어 있지 않기 때문이다. 따라서 탈북인들은 비공식적이고 사적인 방식으로 사회적 자본을 유지해야 하는데, 이는 다시 말해 비제도적인 방법과 위법 수단이 동원된다는 뜻이다. 의도적이고 반복적인 위법 행동은 위법적인 문화를 배태하고 사회적 자본을 침식한다. 사회적 자본이란 근본적으로 상호 신뢰 관계에서 창출되는 자본이다. 그러나 브로커를 통한 사회관계망의 유지는 일시적이고 또 불안정한 성격을 가질 수밖에 없다. 브로커의 존재 자체가 일시적이고 불안정한데, 이는 브로커의 활동이 북한과 중국의 정책이나 입장 변화에 따라 달라질 수밖에 없기 때문이다. 탈북인들의 사회적 자본은 가족의 생존을 돕는 기제이기는 하지만 사회 전체로 보아서는 부적인 외부 효과를 창출한다. 이는 비단 탈북인들의 사회적 자본이 남한사회에 부도덕과 불신의 부적인 외부 효과를 생성한다는 뜻만은 아니다. 위법적인 방식을 통해 확대되는 사회적 자본은 장기적으로 탈북인들 사이에도 부적인 외부 효과를 발생한다. 서로에 대한 불신은 공식적인 영역에서는 물론 일상적인 상호작용에까지 높은 거래비용을 발생시키기 때문이다.

> "(면접자: 북한 사람들과 잘 어울리지 않으시는 건가요?) 예, 그렇죠. 그런 부분이 많아요, 솔직히. 웬만해서 진실한 사람들이 크게 없거든요. …… 우리 북한 사람들은 솔직히 순진한 사람들이 별로 없어요. 여기까지 온다라는 이런 정황을 거친 사람들은 솔직히 남을 속이지 않고는 이렇게 올 수가 없었으니까." (Ⅱ-2)

> "또 하나는 뭐냐면 같은 탈북인들끼리 놀라는 거예요. 예전에 북한에서 봤던 그런 사람들의 모습이 아니고, 자기는 이제 순수하게 가족이 오라고 그래서 바로 이렇게…… 이 사람들 말로는 '직방'이라고 그러거든요. 직행으로 오신 분들은 같은 북한 사람인데…… 도저히 저렇게 변한 모습들을 보고 수용이 안 되는 거예요." (실무자 라)

이러한 사회적 자본의 침식은 탈북인들이 북한에 있었을 때부터 이미 시작되었다고 볼 수 있다. 7. 1 경제조치 이후 북한사회는 공적 통제 체제가 정상적으로 가동되지 않고 대신 사적 영역에서의 개인 간 연대가 힘을 발휘하게 되었다. 북한사회에서 가동되는 개인 간 연대는 경제적 자원을 둘러싼 주민과 관료 사이의 공생관계로 요약될 수 있다. 주민들은 장마당에서 장사를 하기 위해, 중국에서 밀거래를 하기 위해, 도강하기 위해 관료와 국경경비대에게 뇌물을 주고, 관료들은 뇌물을 받기 위해 주민들을 종용한다. 관료와 브로커와 주민들이 연계되어 있는 관계망이 작동하는 것이다. 이러한 사회적 변화를 놓고, 전문가들은 궁극적으로 북한당국의 통제력 약화와 폐쇄 체제의 효율성 감소를 가져와 김정일 통치 체제의 정당성과 정통성을 훼손하는 양상으로 발전할 수 있을 것으로 전망하기도 한다(김영수, 2007a). 그러나 사회적 자본의 측면에서 보면 이는 사회적 자본의 총량을 감소시키고 위법 문화를 용인하는 비도덕적 문화를 양성한다는 측면에서 매우 위협적인 현상이다. 북한사회에서 시작된 사회적 자본의 침식이 장기적으로 볼 때 남한사회의 사회적 자본을 감소시킬 수 있기 때문이다. 탈북인 사이의 불신, 탈북인과 남한 주민 사이의 불신은 사회관계망을 통해 확대 · 재생산될 위험을 안고 있다.

개방적 연대를 통해 탈북과 입국에 성공한 탈북인들이 남한사회에서 형성하는 관계망은 매우 제한적이며 폐쇄적인 성격을 갖는다. 넓은 의미의 동향인 탈북인들은 동향이라는 점에서 쉽게 사회관계망을 형성한다. 탈북인들의 정착을 지원하기 위한 각종 훈련, 교육, 자조 모임 등을 통해 탈북인들이 다른 탈북인들을 만날 기회는 넘쳐나는데 비해, 탈북인들이 남한 주민들과 상호작용을 할 기회는 많지 않다. 물론 정착도우미, 멘터링 사업 등을 통해 탈북인들이 남한 주민과 접하게 될 기회가 일부 주어지기는 한다. 하지만 이 관계가 지속적으로 유지되어 남한 주민과 친밀한 유대관계를 맺고 있다고 언급한 탈북인들은 없었다. 탈북인들과 지속적으로 관계망을 형성하고 연대를 유지하는 남한 사람들은 주로 탈북인 지원 단체의 실무자들뿐이다. 이들도 탈북인과의 관계를 사회 자본화하는 데 어려움을 겪고 있다. 실무자들은 탈북인들이 예측할 수 없는 행동 특성을 보여 종종 배신감을 느끼기도 한다고 말한다.

결론적으로 탈북인의 사회적 자본의 활용 과정에서 사회적 자본이 가진 양면성, 즉 긍정적 영향과 부정적 영향이 동시에 드러났다. 개인적 차원에서 생존 전략으로 활용될 수 있는 사회적 자본이 사회의 위협 요인으로 기능할 수 있다는 점에서 탈북인의 사회적 자본은 좀 더 관심을 기울여 연구되어야 할 중요한 주제다. 탈북인을 대상으로 한 정부의 정책도 이들의 사회관계망과 사회적 자본에 관심을 기울일 필요가 있다. 초기 정착을 지원하는 정책을 넘어서 탈북인들의 사회적 자본이 긍정적 외부 효과와 가치를 발휘하게 하기 위해서 어떤 개입이 필요한지를 모색할 때가 되었다. 최근 한국 사회에서는 사회적 자본을 사회경제적 발전과 연결시키려는 시도들이 이루어지고 있지만(우천식 · 김태종, 2007), 이 논의들은 주로 노동시장, 교육 환경 등에 초점을 맞추고 우리 사회의 사회적 자본을 어떻게 확대 · 발전시킬 것인가에 집중하기 때문에 종종 탈북인과 같은 소수집단의 사회적 자본 문제는 간과되곤 한다. 통일을 위한 준비라는 전제를 떠나 탈북인을 고유한 연구 대상으로 볼 필요가 있다. 특히 북한, 중국, 남한에 편재되어 있는 탈북인들의 사회관계망을 보면 이들은 향후 세 국가를 잇는 사회관계망의 허브가 될 수 있는 사람들이다. 따라서 탈북인들이 건강하고 긍정적인 영향을 미치는 사회적 자본을 형성하도록 돕는 것은 매우 중요한 정책 과제가 될 것이다.

앞으로 탈북인의 사회적 자본은 다양한 방식으로 더 깊이 연구되어야 할 주제다. 약 60명의 탈북인 면접 자료에 기초하여 사회적 자본을 탐구했지만 이 연구가 탈북인의 사회적 자본에 관련된 모든 내용을 다 포괄적으로 다루었다고 볼 수는 없다. 또한 이 연구 결과를 남한에 있는 탈북인들 모두에게 일반화시킬 수는 없다. 탈북인들 내부에 존재하는 개인차나 탈북 시기별 집단 분석, 입국 시기별 집단의 차이점을 체계적으로 분석하지 못한 것도 이 책의 한계임을 인정한다. 특히 종교나 종교집단이 탈북인의 사회관계망과 사회적 자본에 큰 영향을 미칠 것으로 생각하면서도, 자료의 부족으로 이 문제를 더 깊이 들여다보지 못한 것은 아쉬운 점이다. 이 책을 시작으로 이후에 탈북인의 사회관계망과 사회적 자본에 대한 연구가 더 활발하게 이루어질 것이라고 생각한다.

부 록

부록 1 탈북인 정착 지원 정책 변화표

부록 2 북한이탈주민후원회 소속 단체 명단

부록 1 탈북인 정착 지원 정책 변화표

구분\연도		1997	1998	2000	2001	2002	2003	2004	2005	2006
주거 지원	임대	1인 평균 840만 원 주거 지원금 지급	주거 지원금 :연령과 세대 구성 고려하여 85m² 이하 주택 무상제공 혹은 동 주택 임대에 필요한 주거 지원금 지원	• 영구·공공 임대주택 알선 • 1급(6인 이상) :21~25평 • 2급(5인) :19평 • 3급(4인) :17평 • 4급(3인) :15평 • 5급(1~2인) :13평	2000년 지원 기준 동일	• 주거 지원금 :연령과 세대 구성 고려, 1인~8인까지 구분하여 85m² 이하 주택 임대에 필요한 주거 지원금 지원 • 영구 · 공공 임대주택 알선 • 지방 거주 권장을 위해 희망자에게 일정액의 지방 거주 장려금 지급	2003년 지원 기준 동일	• 세대 구성원 수 1~8인까지 구분하여 각 세대별 평형 임대에 필요한 임대 보증금 지원 • 지방 거주 권장을 위해서 일정 기간 지방 거주자에게 지방 거주 장려금 지급	• 세대 구성원 수에 따라 1,000~1,500만 원까지 임대 보증금 지원 • 지방 거주 권장 위해서 일정 기간 지방 거주자에게 지방 거주 장려금 지급	• 임대 보증금 1,000만 원(1인 세대), 1,500만 원(2인 이상 세대) • 주택 알선 : 임대아파트 특별 알선(영세민보다 우선 알선)
	무상			• 25.7평 이하 :세대주가 중병으로 장기치료를 요하거나 중증신체장애자인 경우, 또는 기타 특별 사유가 있는 경우						

※ 2007년부터는 소득과 재산 수준에 따라 의료급여법상의 의료보호대상자로 지정하여 각종 의료비 면제 혜택을 받거나 생계가 곤란한 사람에 대해서는 국민기초생활보장법상의 생계급여 수급자로 편입되도록 적극 주선하고 있다.
－의료보호: 의료보호 1종 수급자로서 의료 혜택.
－생계급여: 소득이 최저생계비 미달 가구에 대해 지원, 36만 원(1인 세대)~132만 원(6인 이상 세대) 근로능력 가구는 사회 배출 2년차부터 근로조건 부과.

부록 2 | 북한이탈주민후원회 소속 단체 명단

	단체명		단체명
1	가양7복지관	34	서서울생명의전화
2	길산종합사회복지관	35	서울YWCA
3	공릉종합사회복지관	36	셋넷학교
4	교육복지연구원	37	여럿이함께만드는학교
5	군자종합사회복지관	38	여명학교
6	꿈사리공동체	39	열린사회강서양천시민회
7	개금종합사회복지관	40	우림복지재단
8	나르샤	41	우양복지재단
9	남북문화통합교육원	42	울산중구종합사회복지관
10	다리공동체	43	울산화정종합사회복지관
11	대구KYC	44	인천삼산종합사회복지관
12	대구종합사회복지관	45	자원봉사능력개발원
13	대구YWCA	46	좋은벗들
14	대한적십자사 서울지사	47	좋은씨앗
15	덕유사회복지관	48	지구촌고등학교
16	동북아평화연대	49	천주교주교회의민족화해위원회
17	두리하나	50	청솔종합사회복지관
18	마들사회복지관	51	태화기독교사회복지관
19	명륜종합사회복지관	52	평화종합사회복지관
20	목포종합사회복지관	53	피랍탈북인권연대
21	몰운대종합사회복지관	54	하늘꿈학교
22	방화6종합사회복지관	55	하안종합사회복지관
23	법동종합사회복지관	56	학장종합사회복지관
24	부산종합사회복지관	57	한국기독교귀순동포정착지원협의회
25	부산YWCA	58	한국기독교총연합회
26	북한민주화네트워크	59	한국인성개발연구원
27	북한인권시민연합	60	한국자유총연맹
28	북한인권정보센터	61	한꿈학교
29	상리종합사회복지관	62	한민족통일여성중앙협의회
30	새롭고하나된조국을위한모임	63	한빛종합사회복지관
31	새마을운동이북5도지부	64	한솔종합사회복지관
32	생명의전화	65	선한사람들 자유시민대학
33	생명종합사회복지관		

참고문헌

강권찬(2005). 북한이탈주민 지원정책 분석. 민족연구, 35-63.

김미령(2005). 탈북자의 적응스트레스와 사회적 지지가 우울성향에 미치는 영향. 한국사회복지학, 57(1), 193-217.

김미정 · 정계숙(2007). 유아기 자녀를 둔 새터민 부모의 양육 이야기. 아동학회지, 28(1), 71-94.

김성윤(2006). 새터민 정착의 실태와 문제점 및 개선방안. 한국동북아논총, 38, 249-269.

김연희(2006). 북한이탈주민의 정신보건에 관한 연구. 서울대학교 석사학위 청구논문.

김영림(2007). 북한의 신분제도. 평화재단 제17차 전문가포럼, 북한에 대한 오해와 진실(2): 토대와 성분, 발표문 1.

김영수(2004). 북한이탈주민의 현황과 재사회화 문제. 사회과학연구, 12(1), 118-148.

김영수(2007a). 2.13합의 이후 북한체제의 변화를 내다보며 준비한다. 평화재단 국제심포지엄 토론문.

김영수(2007b). 북한에 대한 오해와 진실(2): 토대와 성분. 평화재단 제17차 전문가포럼, 북한에 대한 오해와 진실(2): 토대와 성분, 기조발제문.

김영윤 · 박종철 · 이우영(1996). 북한이탈주민의 사회적응에 관한 연구:

실태조사 및 개선방안. 민족통일연구원.
김용학(2007). 사회 연결망 이론. 서울: 학지사.
김우식(2006). 연결망, 불평등, 위법행동: 비도덕성을 생성하는 사회적 자본. 한국사회학, 40(5), 29-60.
김인성(2005). 탈북자 현황분석: 탈북, 중간기착, 정착까지의 전과정의 총체적 분석. 민족연구, 6-34.
류길재(2003). 김일성 김정일의 문헌을 어떻게 읽을 것인가. 경남대학교 북한대학원 엮음(2003). 북한연구방법론. 한울아카데미.
박미석 · 이종남(1999). 탈북가족의 남한가족 적응시 겪는 어려움과 그에 따른 대처 방안. 숙명여자대학교 통일문제연구소 통일논총, 17(1), 3-74.
박영자(2007). 경제난 이후 북한 체제와 젠더의 구조 및 변화. 통일논총, 33-67.
박윤숙(2007). 탈북 청소년의 사회적 지지 특성과 남한사회 적응과의 관계. 한국사회학, 41(1), 124-155.
박현선(2002). 탈북자 국내 정착정책의 현황과 발전 방향. 북한연구학회보, 6(1), 209-240.
박현선(2003). 현대 북한사회와 가족. 서울: 한울아카데미.
박현식(2006). 사회복지조직간 네트워크 구축의 장애 요인 연구: 탈북인 정착 지원을 중심으로. 사회복지정책, 25(8), 203-223.
백영옥(2002). 중국 내 탈북 여성실태와 지원방안에 관한 연구. 북한연구학회보, 6(1), 241-264.
북한인권정보센터(2005). 2005 새터민 정착실태 연구.
송지준(2005). 남한 거주 탈북자들의 관광만족, 여가만족, 사회적 지지가 우울 성향에 미치는 영향. 관광연구저널, 19(3), 209-227.
안혜영 · 이금순(2007). 북한이탈주민 정착지원을 위한 지역 네트워크 분석. 통일정책연구, 16(2), 15-171.

엄태완 · 이기영(2004). 북한이탈주민의 우울과 사회적 문제해결능력 및 사회적 지지와의 관계. 정신보건과 사회사업, 18, 5-32.

오수열(2006). 새터민을 위한 정부와 지역사회의 역할. 대한정치학회보, 13(3), 237-256.

우천식 · 김태종(2007). 한국 경제 · 사회의 발전과 사회적 자본. 한국개발연구원 보고서.

우천식 · 김태종 · 김성권 · 김태준 · 양정호 · 이남철 · 장원호 · 한승완 · 한준(2007). 한국경제 · 사회와 사회적 자본. 한국개발연구원 보고서.

유석춘(2002). 한국의 시민사회, 연고집단, 사회적 자본. 자유기업원.

유석춘 · 장미혜(2006). 사회자본과 한국사회. 유석춘 · 장미혜 · 정병은 · 배영 공편역(2006). 사회자본: 이론과 쟁점. 서울: 도서출판 그린.

윤덕룡(2006). 경제적 적응상황분석과 대책. 정병호 · 전우택 · 정진경 편(2006). 웰컴투코리아: 북조선 사람들의 남한살이. 서울: 한양대학교출판부.

윤인진(1999). 탈북자의 남한사회 적응실태와 정착지원의 새로운 접근. 한국사회학, 33, 511-549

윤인진(2000). 탈북과 사회 적응의 통합적 이해: 국내 탈북자를 중심으로. 현대북한연구, 3(2), 123-184.

이금순(2005). 북한주민의 국경이동 실태: 변화와 전망. 통일연구원 연구총서, 05-06.

이금순 · 김규륜 · 김영윤 · 안혜영 · 윤여상(2005). 북한이탈주민의 사회적응 프로그램 연구. 경제인문사회연구회 협동연구총서, 05-08-07. 통일연구원.

이기영(2005). 소수자로서의 북한이주민의 문제와 사회복지의 과제. 통일연구, 9(2).

이기춘 · 정진화 · 나종연(2007). 통일 이후 남북한 주민의 소비생활 이질화 완화 및 소비자문제 예방을 위한 기초 연구: 북한의 소비생활 분석을 중심으로. 2005년도 서울대학교 통일학 연구보고서.

이미경(2006). 탈북여성과의 심층면접을 통해서 본 경제난 이후 북한여성의 지위변화 전망. 가족과 문화, 18(1), 33-55.

이성균(2006). 한국 자영업자의 사회적 자본과 소득수준. 한국사회학, 40(5), 178-206.

이소래(1996). 남한이주 북한이탈주민의 문화적응 스트레스에 관한 연구. 이화여자대학교 석사학위 청구논문.

이순형 · 조수철 · 김창대 · 진미정(2007). 탈북가족의 적응과 심리적 통합. 서울: 서울대학교출판부.

이재열(2006). 지역사회 공동체와 사회적 자본. 지역사회학, 8(1), 33-67.

이재창 · 김영만(2005). 탈북자들의 심리적 특성이 소외감에 미치는 영향 −탈북인들과 남한주민들 간의 비교를 중심으로−, 한국심리학회지 사회문제, Vol. 11, No. 3, 41-66.

장혜경 · 김영란(2000). 북한이탈주민의 가족안정성 및 사회적응과 여성의 역할. 한국여성개발원 연구보고서, 240-213.

전우택(1999). 탈북자의 보호 및 국내적응 개선방안. 제32회 국내학술회의(99. 11. 30) 발표논문집(99−05), 통일연구원, 40-64.

전우택(2000a). 사람의 통일을 위하여. 서울: 오름.

전우택(2000b). 통일이 되면 남북한 사람들은 과연 함께 잘 살 수 있을까? 통일연구, 5(2), 47-67.

조영아 · 전우택(2005). 탈북 여성들의 남한 사회 적응 문제: 결혼 경험자를 중심으로. 한국심리학회지: 여성, 10(1), 17-35.

조정아 · 정진경(2006). 새터민의 취업과 직장생활 갈등에 관한 연구. 통일정책연구, 15(2), 29-52.

채정민 · 김종남(2004). 북한이탈주민의 상대적 박탈감과 심리적 적응:

개인적 정체감과 사회적 정체감의 영향을 중심으로. 한국심리학회지: 사회 및 성격, 18(1), 41-63.

채정민 · 한성열(2003). 북한이탈주민의 자기고양 편파가 남한 내 심리적 적응에 미치는 영향. 한국심리학회지: 사회문제, 9(2), 101-126.

최락인(2006). 지역사회 안착을 위한 탈북인 주거 지원정책에 관한 연구. 한국지역개발학회지, 18(3), 119-146.

최봉대(2003). 탈북자 면접조사 방법. 경남대학교 북한대학원 엮음(2003). 북한연구방법론. 한울아카데미.

통계청(2007). 남북한경제사회상비교.

통일부(2005). 새터민관련 통계.

통일부(2006). 국정감사 자료(사회문화교류본부).

통일부(2007). 통일백서.

통일부(2008). 내부 통계 자료.

통일부 인도협력국(2009). 북한이탈주민 현황.

한인영(2001). 북한이탈주민의 우울성향에 관한 연구. 정신보건과 사회사업, 11, 78-94.

한인영 · 이소래(2002). 북한이탈주민의 이주형태 및 성별에 따른 건강관련 특성 비교연구. 한국가족사회복지학, 10, 121-142.

함인희(2001). 산업화에 따른 한국 가족의 비교적 의미. 하용출 편(2001). 한국 가족상의 변화. 서울: 서울대학교출판부.

Adler, P., & Kwon, S. W. (2000). Social Capital: The Good, the Bad, and the Ugly. In Erick L. Lesser (Ed.), *Knowledge and Social Capital: Foundation and Application*. Butterworkh-Heinemann.

Berry, J. W. (1989). Acculturation and Psychological Adaptation: A

Conceptual Overview. In J. W. Berry & R. C. Annis (Eds.), *Ethnic Psychology: Research and Practice with Immigrants, Refugees, Native Peoples, Ethnic Groups and Sojourners*. Berwyn, PA: Swets North America.

Bian, Y., Davis, D., & Wang, S. (2007). Family Social Capital in Urban China: A Social Network Approach. In W. Tang & B. Holzner (Eds.), *Social Change in Contemporary China*. Pittsburgh PA: University of Pittsburgh Press.

Coleman, J. (1988). Social Capital in the Creation of Human Capital. *American Journal of Sociology, 94*, S95-S121.

Granovetter, M. (1983). The Strength of Weak Ties: A Network Theory Revisited. *Sociological Theory 1*, 201-233.

Lin, N. (2001). *Social Capital: A Theory of Social Structure and Action*. Cambridge: Cambridge University Press.

Milgram, S. (1967). The Small World Problem. *Psychology Today, 1*, 1, 60-67.

Murdock, G. P. (1949). *Social Structure*. New York: Macmillan.

Popenoe, D. (1988). Disturbing the Nest: Family Change and Decline in Modern Societies. *Social Institutions and Social Change Series*. New York: Aldine De Gruyter.

Putnam, R. D. (1993). The Prosperous Community: Social Capital and Public Life. *The American Prospect, 12*, 35-42.

Williams, C., & Berry, J. W. (1991). Primary Prevention of Acculturative Stress among Refugees: The Application of Psychological Theory and Practice. *American Psychologist, 46*, 632-641.

뉴스한국(2007. 7. 16). 중국 탈북여성 정책 조용히 변화.

데일리NK(2007. 4. 9). 탈북자구원과 '법대로' 무엇이 먼저냐? [긴급기획] 브로커-탈북자 '계약무효' 판결 문제 없나.

데일리NK(2007. 7. 23). 탈북자 부인 · 딸까지 위장결혼 주선.

동아일보(2008. 12. 2). 삐라 살포 놓고 보수-진보 충돌.

두리하나(2005. 9~2008. 2). 27호~37호.

조선일보(2005. 11. 2). 유엔 여성탈북인 증가 가능성 우려.

조선일보(2007. 4. 17). 탈북자연합회, '새터민' 용어 쓰지 말라, 통일부 공문 보내.

조선일보(2007. 9. 13). 中에 둔 자녀 그리웠던 탈북여성의 죽음.

조선일보(2008. 3. 7). 천국의 국경을 넘다.

조선일보(2008. 3. 21). 무너지는 국경, 무엇이든 팝니다.

조선일보(2008. 9. 2). 올해 탈북자 3,000명 넘을 듯.

조선일보(2008. 10. 13). 변협, 북한 인권백서 발간.

중앙선데이(2007. 6. 17). 탈북자 이혼소송 이번 주부터 '줄선고'.

크리스천투데이(2008. 3. 19). 탈북인 단체, 하나로 뭉치다.

한국일보(2006. 9. 13). 중국서 성노예로 팔려가 이혼도 재혼도 어려워.

찾아보기

인 명

내 용

저자 소개

진미정(陳美靜)

- Pennsylvania State University 박사
- 현 서울대학교 아동가족학과 부교수

저서 및 역서

- 탈북가족의 적응과 심리적 통합(공저, 서울대학교출판부, 2007)
- 가족발달(공저, 한국방송통신대학교출판부, 2006)
- 한부모 어머니들의 취업과 복지(공역, 도서출판 신정, 2006)

이순형(李順炯)

- 서울대학교 박사
- 전 한국아동학회 회장
  한국인간발달학회 회장
- 현 서울대학교 아동가족학과 교수

저서

- 탈북가족의 적응과 심리적 통합(공저, 서울대학교출판부, 2007)
- 붉은악마와 월드컵(서울대학교출판부, 2005)
- 사할린귀환자(서울대학교출판부, 2004)
- 한국아동학의 연구 동향과 전망(공저, 학지사, 2004)
- 통일에 앞서 보는 북한의 가정생활문화(공저, 서울대학교출판부, 2002)
- 한국의 명문 종가(서울대학교출판부, 2000)
- 정치사회화: 사회인지와 현실참여(서울대학교출판부, 1994)

김창대(金昌大)

- Columbia University 박사
- 전 한국상담학회 집단상담학회 회장
- 현 서울대학교 교육학과 교수

저서 및 역서

- 학교상담과 생활지도(2판, 공저, 학지사, 2009)
- 대상관계이론과 실제(공역, 학지사, 2007)
- 탈북가족의 적응과 심리적 통합(공저, 서울대학교출판부, 2007)
- 상담 및 심리치료의 기본기법(역, 학지사, 2006)
- 상호작용중심의 집단상담(역, 시그마프레스, 2004)
- 청소년상담의 기초(공저, 한국청소년상담원, 2003)
- 집단상담(공저, 중앙적성출판사, 2002)
- 특수아동상담(공저, 학지사, 2002)

탈북인의 사회관계망과 사회적 자본

2009년 5월 22일 1판 1쇄 인쇄
2009년 5월 29일 1판 1쇄 발행

지은이 • 진미정 · 이순형 · 김창대
펴낸이 • 김진환
펴낸곳 • (주) 학지사
121-837 서울시 마포구 서교동 352-29 마인드월드빌딩 5층
대표전화 • 02-330-5114 팩스 • 02-324-2345
등록 • 제313-2006-000265호
홈페이지 • www.hakjisa.co.kr

ISBN 978-89-6330-078-8 93330
가격 13,000원

저자와의 협약으로 인지는 생략합니다.
파본은 구입처에서 교환하여 드립니다.